DE LA CONSTANCE
ET CONSOLA-
tion és calamitez
publiques.

A PARIS,
Par Mamert Patisson, Imprimeur
du Roy. Chez Rob. Estienne.

M. D. XCIIII.

Auec priuilege.

Jaques Gras.

A MONSEIGNEVR
LE DVC DE MON-
PENSIER, PAIR DE
France, Prince souue-
rain de Dombes, &
Gouuerneur de
Normandie.

ONSEIGNEVR,
Le fauorable témoi-
gnage qu'il vous à
pleu de me rendre,
par celle que vous m'auez fait ceſt

a ij

honneur de m'escrire, m'oblige de tāt plus, que ie sçay qu'il procede de vostre seule bonté, & non de mon merite. Desirant vous faire paroistre combien ie reuere la faueur & bien-vueillance d'vn si grand Prince, i'ay trouué n'en auoir pour le present autre moyen, qu'en vous offrant des fruits de mō loisir. Entre lesquels ie n'en ay point rencontré, de plus digne de vous, que ce traité, qui porte tiltre de la Constance. Car Dieu vous ayāt fait naistre de la plus illustre maison du mōde, vous a fait encore ceste grace, que la vaillance, qui vous est hereditaire, ait receu la trēpe d'une vertueuse institutiõ: & que l'eſtude des lettres, & cõuerſation des grands hommes, ait animé voſtre courage à vne vraye & ſolide vertu, de meſme façon que le chãt Palladien de Timothee y eſchaufoit celuy de ce grãd Alexandre. La calamité de noſtre pauure Frãce vous a fourni d'vn champ trop ample, à noſtre grand regret, pour exercer voſtre valeur: & vous a ietté au trauers des dangers d'vne funeſte & lamentable guerre, dont vous auez rapporté de glorieuſes playes, qui vous ont acquis de la louange, & de la ſeureté à ceſt Eſtat. L'honneur que vous auez merité par tant de belles actions,

ã iij

se partage entre beaucoup de differẽtes vertus, qui toutes y demãdent leur droit. Mais pour moy, i'estime fort ceste magnanimité, qui en vn aage encore tendre, & parmi de si rudes secousses de la fortune, vous a tenu tousiours l'esprit droit & inflexible, vous conduisant aux combats auec le mesme visage que les victorieux en reuiennent. Or n'est-ce pas assez, Monseigneur, que vous ayez ceste perfection: les Princes doiuent leur exemple au peuple. Et pource ayant entrepris par ce traité d'exhorter mes citoyens à la Constance, vous me deuez, ce me semble, permettre d'inscrire vostre nom sur le frontispice de cest ouurage: à fin que ce soit vne double exhortation: l'vne par vostre image, qui reluira à la teste de ce discours, l'autre par les raisons diffuses par tout le corps d'iceluy. Donques auec la mesme bonté qu'il vous a pleu de m'obliger à vous, receuez ie vous en supplie, ce mien petit labeur, que ie vous presente, non tant pour me degager de ce que ie vous doy, que pour vous consacrer par iceluy tout ce que Dieu me donnera iamais & d'esprit & de vie. Ie le prie de tout mon cœur,

MONSEIGNEVR, Vous

donner aussi heureuse fortune, qu'il vous a doué d'excellente vertu. De Paris ce 1. Iuillet 1594.

Vostre tres-humble, & tres-obeissant seruiteur,
G. DV VAIR.

DE LA CONSTAN-CE ET CONSOLA-tion és calamitez publiques,

LIVRE I.

VN iour, pendant ce siege, que Paris a enduré auec tant de miseres, ie me promenois tout seul en mon iardin, pleurant du cœur & des yeux la fortune de mon pays: Et comme la douleur croist démesurément quand elle est trop flattee, ie commençois à accuser le ciel, d'auoir respandu sur nous de si cruelles influences, & eusse volontiers disputé contre Dieu mesme, si vne crainte secrette n'eust refrené ma douleur. Comme mon esprit flottoit parmy telles pensees, arriua vn de mes meilleurs amis, personnage fort consommé és bonnes lettres, mesmes és sciences Mathematiques: mais plus recommandable beaucoup pour sa singuliere probité & fidelité (rares vertus en ce siecle.) Son nom pour ceste heure sera Musee, puis que sa modestie ne me permet pas d'autremét le vous nommer. Nous estás entresaluez, & recueillis de quelques propos communs, & luy m'ayát enuisagé plusieurs fois, & veu sur mes ioües les traces de mes larmes, encores toutes fresches, Ie ne vous demáde point (dit-il) de quels discours vous vous entretenez icy, ie le recognois assez à vostre visage : les gens de bien n'en ont maintenant gueres d'autre, que l'apprehésion de la calamité publique. Ceste playe nous cuit si fort, que nous ne pouuōs que nous n'y portions souuent la main. Mais quoy? hier quand ie vous veins voir, ie vous trouuay en mesme estat : pour le premier coup ie ne fey semblant de rien, voyant au iourd'huy que vous continuez, & que la tristesse vous maistrise de ceste façon, ie ne me puis tenir que ie ne vous demande ce que vous auez faict de la Philosophie. Ie vous cerche en vous-mesmes, & ne puis croire que celuy duquel i'ay receu tant de consolation, en manque tant à soy-mesme. Il n'y a rien si equitable, que de souffrir pour soy ce que l'on a ordonné pour autruy:

a ij

où restituez moy à la liberté de pleurer, que vos discours m'ont ostee, ou obeissez vous mesmes à la loy que vous auez autrefois prescrit à ma douleur. O mon cher Musee, dy-ie lors, i'appren maintenant par experience combien il est plus aisé de parler que de faire, & combien sont foibles les argumens de la Philosophie à l'eschole de la Fortune. Voulez vous que ie vous die tout franchement ce que i'en pése? Nostre philosophie est vne brauache & vne ventarde: elle triomphe à l'ombre d'vne salle les brettes à la main : c'est vn plaisir de la voir mettre en garde, faire ses demarches, parer des armes ou du corps, vous diriez qu'il n'y a rien au monde qui luy peust donner atteinte : mais quand il faut sortir dehors, qu'il faut combattre à l'espec blanche, & que la fortune luy tire vn reuers de toute sa force, elle est bien tost enfoncee, & les armes luy tombent incontinent des poings. La douleur que nous combatons de paroles, est vne feinte, semblable aux hommes de bois, contre lesquels on tire à la quintaine, qui se laissent viser à l'aise, & reçoiuent le coup sans se defendre. La vraye douleur est bien autre : elle est viue, elle est remuante, elle nous assaut la premiere, elle nous surprend, elle nous saisist & serre de si pres, que nous ne nous pouuons aider. Nous a elle touchez? faisōs si bonne mine que nous voudrōs, si nous cuist-il. Et bien que pour vn temps nous grinciōs les dents, endurant opiniastrement le mal, de peur de le confesser : si est-ce

a iij

qu'à la fin il se fera recognoistre pour ce qu'il est, & arrachera violemment de nostre estomac les plaintes & les souspirs, que nous ne luy aurõs pas voulu volontairemét accorder. Non, croyez qu'en tels accez que ceux-cy, la nature & nostre philosophie ne peuuent compatir ensemble : il faut choisir laquelle des deux vous voulez retenir. Voudriez-vous, ou pourriez-vous chasser la nature qui est légitime maistresse de nos passions, & laquelle se doutant bien que nous nous pourrions laisser suborner à des paroles emmiellees & discours affetez, pour nous soustraire de son obeissance, tient ses affections en garnison chez nous, qui nous espient & nous veillent, & à toutes les occasions qui se presentent, exigent de nous l'hommage & le tribut que nous luy deuons? Ou les larmes ne font point choses naturelles & marques d'vne iuste douleur, ou nous les deuõs rendre au mal auquel la nature est plus offensee, qui est en la ruine & subuersion de nostre pays. Car par ce coup sont blessez tous ceux que la nature nous a conioint de sang, d'amitié, de bien-vueillãce, de communauté. Que si nous n'auons ressentiment de leur mal, & compassion de leur misere, ie dy que nous violons & les loix ciuiles, & la pieté naturelle, & la majesté mesmes de ce grãd Dieu, l'Esprit duquel conuerse parmy nous, cõme garde & patron des droicts de la societé humaine. I'estois desia offensé de vostre importune & austere philosophie, qui defend

a iiij

les larmes à la douleur: mais lisant auiourd'huy dans vn ancien, il m'est venu enuie de la chasser auec iniures, tant m'a pleu vn passage sur lequel ie suis tombé, où il escrit qu'il y auoit à Cumes vne image d'Apollon qui auoit esté apportee de Grece, laquelle plora visiblement, voire auec grande abondance de larmes, lorsque les Romains destruisoient la ville dont elle auoit esté tiree, comme regrettant que son pays se ruinast sans qu'elle le peust secourir: pour ce que la ruine en estoit fatale, & Apollon mesmes l'auoit predicte auparauant. Hé quoy? vne statue de marbre aura trouué des larmes pour pleurer son pays, & ie n'en trouueray point pour deplorer le mien? Esloignee de tant de lieües, elle aura cōpati au mal de ses concitoyens: & moy à la veüe des miens, & au milieu de leurs miseres, ie ne souspireray point? Non non, ie suis François, ie suis natif de la ville que ie voy perir. Croyez que pour auoir à ceste heure les yeux secs, il faudroit auoir le cœur de pierre: encore estimé-ie que si la pieté n'est du tout esteinte au monde, nous pleurerions aussi bien que l'Apollon de Cumes : car nous en auons bien plus de suject qu'il n'auoit. Ceste belle ville capitale du plus beau Royaume de la terre, le domicile de nos Rois, le throne de la iustice de cest Estat, & comme le temple commun de toute la France, perit à nostre veüe, & quasi par nos mains: les richesses de ses citoyés, la magnificence de ses bastimés, l'erudition de tant de celebres &

sçauãs personnages qu'elle a eleuez ne l'ont peu garātir ny aider. O que cet ancien parloit bien de la puissance de Dieu sous le nom de la Fortune, quād il disoit, Que lors qu'elle a resolu quelque chose, elle aueugle les esprits des hõmes, de peur qu'ils ne luy rompḗt son coup. Voyez vn peu, comme sans y penser, nous auons quasi tous aidé à nostre ruine, & presté nos mains pour rēuerser nos maisons dessur nous. Car, mon Musee, vous sçauez quel grand nombre d'hommes, voire de ceux que on estimoit des plus sages, se sont associez à dresser cet equipage, & nous ietter en ceste tempestueuse mer de guerres plus que ciuiles. Nous y voicy, puis qu'il a pleu à Dieu, à la veille d'vn grand naufrage, où nous auons egalement à craindre la rage de nos zelez de dedãs, alterez du sang de ceux qui desirent le biẽ public: & la violence, qui peut arriuer de dehors, qui seuiroit confusément contre les bons & les mauuais: & vous voulez en ce triste & lugubre office me defendre les larmes? A ce que ie voy, me respondit-il, le temps porte que chacun change de party, c'est peut estre le vice du siecle. I'ay tenu toute ma vie pour la nature contre vostre philosophie: pource qu'il me sẽbloit que vous la faisiez trop puissãte, & luy vouliez attribuer vn commandemẽt trop violent & tyrannique. Mais il aduient ordinairemẽt que l'iniure, qui est faicte à vne personne à qui nous ne voulons pas beaucoup de bien, nous recõcilie auec elle, & nous fait par pitié entre-

a vj

prendre sa defense. Ie voy auiourd'huy que vous deshonorez & diffamez la philosophie, laquelle vous a si tendrement & cheremét cleué: & que vous permettez que les passions luy mettent le pied sur la gorge, sans qu'elle s'ose defendre. Vous la surnommiez auparauāt royne de la vie, maistresse de nos affections, tutrice de nostre felicité : maintenant vous la voulez tenir comme vne petite plaisante, qui ne serue qu'à vous faire passer le temps, & vous entretenir pendant que vous serez à vostre aise. Traittez-la aumoins en fille de bonne maison, vous n'auez point de suject de la repudier : si vous voulez faire diuorce auec elle, rendez luy la liberté qu'elle a apporté chez vous, qu'elle se retire son honneur sauue, &

auecque ses droits. Quant à moy, ie la maintien franche, & me rens asserteur de sa liberté : ie ne luy veux pas attribuer ceste puissance d'oster au corps, ny à l'esprit, le sentiment de la douleur. Car ie croy qu'elle doit passage aux affections naturelles : mais ie maintien qu'elle peut contenir & resserrer la douleur & la passion dans leurs bornes, empescher qu'elles n'occupent plus de lieu & d'authorité en nostre ame qu'elles ne doiuent, & les amollir & adoucir, voire mesmes auec le téps du tout estoufer & amortir. Ie voy bien à vostre visage, que vous estes trop aigry, & que vous ne m'accorderez rié de vous mesmes: voici tout à propos deux de nos meilleurs amis, que vous n'oseriez refuser pour arbitres, & pour moy l'offre de les en croire. Or c'eſtoiét deux perſonnages ſignalez, deux perles de noſtre ſiecle : deſquels le premier, que nous nommerons pour ceſte heure Orphee, outre la cognoiſſance qu'il a des arts & ſciéces, ſ'eſt acquis vne grande experience & admirable prudence par ſes longs & perilleux voyages: L'autre qui aura nom Linus, eſt recognu pour vn des plus ſçauans hommes de l'Europe, & qui a le plus de iugement & de preud'hõmie au maniemét des bons liures, & de pieté en toutes ſes actions. Vous auez, dy-ie, Muſee choiſi des iuges que ie n'ay garde de recuſer: non pas choiſi, mais pluſtoſt, croy ie, nous ont-il eſté enuoyez miraculeuſement, comme les Dieux qu'on faiſoit deſcendre par engins aux tragedies, pour venir faire quelque grand exploict surpassant la puissãce des hommes. Car pour vous dire, i'estime mon opinion veritable: que si elle ne l'est, au moins est elle si auãt enracinee auec mon ennuy, en mon cœur, qu'autres mains que celles de si saincts personnages ne l'en sçauroiét arracher. Sur ce propos nous les ioignismes & saluasmes. Nous rompons, nous dirent-ils, vostre discours, auquel il nous sembloit bien en venãt que vous estiez fort auant: & à voir vos contenances, que vous n'estiez pas bien d'accord. Vous auez, dict Musee, bien deuiné, & estes venu fort à propos pour nous y mettre: car nous vous auons nommé pour iuges de nostre differend. Le precepte du Sage, dirent-ils, nous defend d'estre iuges entre nos amis: bien, si nous

nous pouuons aduiser de quelque moyen pour vous accorder, vous en dirons nous volontiers nostre aduis. Mais pour vous dire priuément, nous venõs de loin, ie vous prie trouuer bon que nous nous seons. Comme nous nous fusmes assis, Linus cõmença à nous dire, qu'il venoit d'entédre vne piteuse histoire, d'vne pauure femme qui n'ayant peu trouuer de pain pour donner à ses enfans, s'estoit pendue à son plancher. Et moy, ce dit Orphee, ie vien de voir tout à ceste heure vne pauure fille, qui est tombee toute roide morte de male-faim: & à trois pas de là i'ay trouué de pauures gens qui mangeoient vn chien tout sanglant, qu'ils auoient vn peu grillé auec de vieille paille. Et comme i'ay eu passé le plus viste que i'ay peu ce triste spectacle, i'ay rencontré des femmes qui crioient & disoient, que les Lansquenets auoiét mangé des enfans aupres du Temple, ce que ie ne puis croire. Oyans cela nous commençasmes tous à souspirer, & lors prenant la parole : Et bien, dy-ie, voila ma cause gaignee, puis que tant que nous sommes n'auons peu au recit de ceste piteuse histoire retenir nostre cœur, qu'il n'aye tesmoigné le ressentiment qu'il a de la misere publique. Ie vous laisse donc à penser, comme nous deuons fremir & transir, quand nous nous representons toutes les sortes de pauuretez, qui sont respandues par ceste grande & vaste ville. Helas combien y a-il de playes secretes que la honte couure! & puis quelles & combien effroyables sont les calamitez que nous preuoyons, attendõs, & ne pouuons quasi euiter! Vous me reprochez, Musee, mes larmes, mais plus de raison auriez-vous de me reprocher ma dureté de cœur, qui seule empesche qu'vne si viue & poignante douleur ne finisse ensẽble ma tristesse & ma vie. Et lors me retournant vers Orphee & Linus, ie leur fey entendre les discours que Musee m'auoit tenus, & le differend sur lequel nous estions demeurez. Ce qu'ayans oüy, Nostre bon-heur, dit Orphee, nous a bien amené icy pour ouïr vne si belle dispute. Mais, Musee, puis que vous nous faites cest honneur de nous croire, permettez qu'en vne chose seulement nous vsions de l'authorité que vous nous donnez. Au lieu de nous discourir &

demonstrer vostre proposition, mettez-la ie vous prie en œuure, & faites experiēce sur nous de ce que peut le remede, dōt vous vous vantez contre ceste fascheuse maladie d'esprit, qui est la tristesse que nous receuons tous de ceste misere & afflictiō publique : vous auez vn bel & ample sujet. Car ie croy qu'il n'y en a pas vn de nous, duquel l'esprit ne soit touché de ceste maladie. Ie m'asseure que si l'antiquité a rien inuenté qui puisse seruir à la guarison de l'esprit offensé, vous en deuez auoir recueilli les plus belles & plus vtiles recettes. Mais ie crain qu'il ne vous arriue en cela, comme il fait en vos demonstrations de Mathematique, où vous prouuez par raisons mille belles propositiōs, que l'artizā ne sçauroit puis apres mettre en œuure sur la pierre ny sur le bois. Poursuiuez donques, & faites estat, que si vous nous pouuez accoiser l'esprit, & nous deliurer de l'énuy & de la crainte qui nous gesnent, que vous auez cause gaignee. Car en nostre endroit les effets preuuent bien mieux que les paroles: outre que vous nous aurez corrõpus par vn grand bien, de nous auoir deliurez d'vn grãd mal. Et en ce cas ie m'asseure que nostre hoste mesme sera bien aise d'estre vaincu: car il gaignera beaucoup en perdant. Ie feray, dit Musee, ce qui me sera possible pour vous cõtéter: mais souuenez vous, s'il vous plaist, que nous trauaillons à vne besongne commune. Et pource, si d'auanture és discours où ce sujet me pourra porter, i'oublie quelques raisons qui vous viennent en memoire, vous serez tenus de les suppleer, puis que nous ne combatons que pour la verité, & faire vaincre la raison: & que le prix de la victoire est cō-mun entre tous, vous deuez tous ce me semble, fauoriser son party.

Il n'y a rien qui serue tant à la guarison du mal, que d'en biē cognoistre la cause. C'est pourquoy si nous desirons deliurer nostre ame de fascherie, & la remettre en vn estat paisible, il faut, à mon aduis, examiner d'où procede le mal qui la tourmente. La nature de l'homme a beaucoup de proportion & correspondance à tout ce grand vniuers: mais aussi a elle à chacune de ses parties, & principalement me semble elle se rapporter à vn estat Royal: estant l'vn & l'autre quasi de mesme condition, & subiet à de mesmes accidens. Le Prince souuerain qui a à gouuerner vn grand nombre d'hômes, vne grande quantité de prouinces & de villes, establit des gouuerneurs & magistrats sous luy. Et pour les instruire & adresser en l'exercice de leurs charges, leur donne ses loix, comme la regle de leurs actions: & outre les aduertit en choses douteuses & importantes de luy en faire rapport, & en attendre son commandement. Certainement tant que cet ordre est obserué, que les subiets obeissent aux magistrats, & les magistrats à la loy & au prince souuerain, l'Estat se maintient en grande paix, florit & prospere merueilleusement. Mais au contraire, quand ceux qui iugent & commandent sous le Prince, se laiffent tromper par leur facilité, ou corrompre par faueur au iugement des affaires qui fe prefentét, & que fans deferer à leur fouuerain ils employent leur authorité à l'execution de ce qu'ils ont temerairement ordonné, ils rempliffent tout de defordre & confufion. En l'hôme, la plus haute & fouueraine puiffance de l'ame, qui eft l'entendement, eftant pofee au plus haut lieu, comme en vn thrône, pour conduire & gouuerner toute fa vie & toutes fes actions, a difpofé & ordonné fous foy vne puiffance que nous appellõs Eftimatiue, pour cognoiftre & iuger par le rapport des fens la qualité & conditiõ des chofes qui fe prefentent, auec authorité de mouuoir nos affections pour l'execution de fes iugemens. Et à fin que ceste puissance-la, comme elle est grãde & importante, ne feist rien mal à propos, il luy a proposé cõme vne loy la lumiere de la nature qui reluit en tous les obiets: & outre luy a donné moyen en toutes choses de doute & de consequence de recourir au discours, raison & conseil de celuy qui cõmande par dessus. Il n'y a point de doute que tant que cet ordre est obserué à la conduitte de la vie de l'homme, que son estat ne soit tresheureux: & que ce grand & genereux animal ne se monstre digne ouurage de ce parfaict & souuerain architecte qui l'a creé: mais ie ne sçay par quel malheur rarement l'homme iouist-il de ce biẽ. Car ceste puissance-la qui est & au dessous de l'entendement, & au dessus des sens, à qui appartient

partient le premier iugement des choses & de leur qualité, se laisse la plus part du temps ou corrompre, ou tromper, & puis iuge mal ou temerairement: & apres auoir ainsi iugé, elle manie & remue nos affections mal à propos, & nous remplit de trouble & d'inquietude. Les sens, vrayes sentinelles de l'ame, disposez au dehors pour obseruer tout ce qui se presente, sont cõme vne cire molle, sur laquelle s'imprime, non la vraye & interieure nature, mais seulement la face & forme exterieure des choses. Ils en rapportét les images en l'ame, auec vn tesmoignage & recommandatiõ de faueur, & quasi auec vn preiugé de leur qualité, selõ qu'ils les trouuent plaisantes & agreables à leur particulier, & non ytiles & necessaires faires au bien vniuerſel de l'homme: & outre, introduiſent encore auec les images des choſes, l'indiſcret iugement que le vulgaire en fait. De tout cela ſe forme en noſtre ame ceſte inconſideree opinion que nous prenons des choſes, qu'elles ſont bōnes ou mauuaiſes, vtiles ou dommageables à ſuiure ou à fuïr : qui eſt certainement vne dangereuſe guide, & temeraire maiſtreſſe, & vrayement telle que noſtre Belleau la depeint,

L'Opinion qui n'a rien de certain,
Qui touſiours bruit & ſe trauaille
 en vain,
Qui ſe baſtit vne ferme aſſeurance
Sur le ſablon de legere inconſtance.

Mais qui voudra ſoigneuſement obſeruer ſes effects, la cognoiſtra bien encore pire qu'il ne la deſcrit. Car auſſi toſt qu'elle eſt conceüe, ſans plus rien deferer au diſcours & à l'entendemét, elle s'empare de noſtre imagination, & comme dans vne citadelle elle y tient fort contre la droicte raiſon. Et puis de meſme façon qu'vn tyran, qui a occupé vne ville par force, fait dreſſer des roües & des gibets pour ceux qui ne veulent pas obeïr, & propoſe des prix & des recompenſes à ceux qui prendrốt ſon party : ainſi ſi elle nous veut faire fuïr quelque choſe, elle nous la peint hideuſe & eſpouuãtable : ſi elle nous la veut faire aimer, elle luy farde le viſage, luy fait les yeux & la bouche riante. Puis elle deſcend en noſtre cœur, & remue nos affections auec des mouuemens violens d'eſperance ou de crainte, de triſteſſe ou de plaiſir :

b ij

& pour troubler nostre repos, sousleue en nous les passions, qui sont les vrais seditieux de nostre ame. Mais entre toutes les autres & plus que toutes les autres, ceste Tristesse, dõt ie vous voy saisi (laquelle n'est autre chose qu'vne langueur d'esprit, & decouragemẽt engendré par l'opinion que nous auons, que nous sommes affligez de grands maux) est vne dangereuse ennemie de nostre repos. Car on ne sçauroit croire, combien ceste roüille & moisissure, qui s'accueille en l'ame par tels accidens, est contraire à la nature, & combien elle ruine & difforme son ouurage, abastardissant sa puissance, endormant & assoupissant sa vertu lors qu'il les faudroit esueiller, pour s'opposer au mal qui nous menace & nous presse, & introduisant bien auant en nostre cœur la cause de nostre douleur. Or puis qu'elle nous est si dommageable, nous nous en deuons, ce me semble, bien garder. Et à fin qu'elle ne nous trompe, la bien descouurir, & diligemment recognoistre: puis auant qu'elle prenne pied sur nous, la combatre à la frontiere. Elle se veut couler sous le nom de la nature, monstrons luy qu'elle luy est ennemie: elle fait semblant de vouloir soulager nostre mal, congnoissons comme elle l'augmente, tant qu'elle peut: elle fait mine d'estre pie & religieuse, faisons luy paroistre qu'elle est pleine de tromperie & d'impieté. Comme elle se veut introduire en nous sous la faueur de l'erreur, il nous la faut chasser par l'autho-

b iij

rité de la raison, & de la verité. Premieremét, pour móstrer qu'elle ne se peut appuyer de la nature, qu'elle n'en procede point, & que ce n'est point vne affection commune à tous les hommes, qui les touche egalement: Ne voyós nous pas que les mesmes choses qui attristent les vns, resiouïssent les autres? qu'vne prouince pleure de ce, dont l'autre rit: que ceux qui sont pres des autres qui se lamentent, les exhortent à se resoudre, & à quitter leurs larmes? Oyez la plus-part de ceux qui se tourmentent, quand vous auez parlé à eux, ou qu'eux-mesmes ont pris le loisir de discourir sur leurs passions, ils confessent que c'est folie que de s'attrister ainsi: & loüeront à trois heures de-là ceux qui en leurs aduersitez auront fait teste à la fortune, & opposé vn courage masle & genereux à leurs afflictions. Tellemét qu'en tout cela il n'y a rien d'egal, rien de certain, comme sont les effets de la nature : & voit-on par là, que les hommes n'accommodét pas leur dueil à leur douleur, mais à l'opinion de ceux auec lesquels ils viuent. Souuenez-vous, ie vous prie, de ce dueil public, que les anciens affectoient tant. Que direz-vous de ceux-là que lon loüoit pour venir pleurer aux enterremens? Leurs larmes, qui dependoient des yeux d'autruy, qui n'estoient jettees que pour estre veües, qui tarissoient si tost qu'elles n'estoient plus regardees, estoient-elles naturelles ou artificielles? Que vouloient faire ceux qui se loüoient, & ceux qui les loüoiẽt, finõ feruir à cefte tyrannique opinion, que lon s'eftoit forgee en ces lieux-là, qu'en tels accidents il falloit pleurer: & que ceux qui ne pouuoient trouuer de triftefſe chez eux, en deuoiẽt acheter à beaux deniers cõtens chez leurs voifins? Ces gens là ne trahiſſoient-ils pas volontairement la raiſon, & proftituoient ils pas de gayeté de cœur leur virilité? Voudrions-nous bien croire, qu'ils euſſent appris de ſi mauuaifes mœurs à l'efcole de la nature? Non certainemẽt, mais bien à l'efcole de l'opinion, qui apprẽd comme il faut corrompre la nature, pour complaire au vulgaire, & qui ne produit rien qui ne ſoit fardé & deguiſé. Qu'ainſi ne ſoit, voulez-vous voir auec combien de vanité, de tromperie, & d'arti-

fice elle engendre, elle nourrit, elle eleue ceste tristesse, qui nous tourmente tant? Ie vous prie remarquez maintenant en vous, & en tous ceux qui s'affligēt, si tout ce qu'elle nous represente pour nous ennuyer, ne sont pas choses qui nous tourmentēt ou plustost qu'elles ne doiuēt, ou plus qu'elles ne doiuent. Ses plus forts instruments, & dont elle nous gesne plus cruellement, ce sont les maux à venir. Cōme elle ne peut rien sur nous, qu'en nous trompant & seduisant: elle cognoist bien que nous voyons plus clair en ce qui est present, & sentons bien que les accidens mesmes que nous auons craint, se trouuēt tousiours plus doux quand ils arriuent, que nous ne les auiōs pensé, & s'adoucissent mesmes par
b v

l'vsage, & par l'accoustumance. C'est pourquoy elle se iette toute sur l'aduenir, comme entre des tenebres espesses, & choisit ce temps, comme on fait l'heure de la nuict, pour donner quelque grand effroy auecque peu de sujet. Elle nous fait lors des maux, comme on fait des Fées aux petits enfans, on les leur fait haulser, baisser, croistre & appetisser comme on veut: pource qu'on leur parle de chose qu'ils n'ont iamais veüe. Elle nous tourmente auec des maux, qui ne sont tels qu'en ce que nous le pensons, ou bien que nous les craignons, & qui ne nous offensent pas tāt par leur nature, que par nostre apprehension. Combien en auōs nous veu, qui ont rendu leur mal vrayment mal, à force de s'en affliger:

qui en craignant d'estre miserables, le sont deuenus, & ont tourné leurs vaines peurs en certaines miseres? Tel a tellemēt apprehendé la pauureté, qu'il en est deuenu malade. Tel a tellement apprehendé que sa femme ne luy faulsast la foy, qu'il en est seiché de lāgueur. Et ainsi peut-on dire quasi de tout ce que nous craignons, où la plus-part du temps la crainte ne sert qu'à nous faire trouuer ce que nous fuyons. Ne craignōs plus, nous n'aurōs point de mal, au-moins ne l'aurons-nous point iusques à ce qu'il soit aduenu : & quand il aduiendra, il ne sera iamais si fascheux que nous le craignons. Ie croy quant à moy, que de tous les maux la crainte est le plus grand & le plus fascheux. Car les autres ne sont maux que

b vj

tant qu'ils sont, & la peine n'endure non plus que la cause: mais la crainte est de ce qui est, de ce qui n'est pas, de ce que par-auenture ne sera pas, voire quelques fois de ce qui ne peut estre. O tyrannique passion, qui pour trauailler les hommes outrepasse la nature, & tire par nostre malheur vne peine de ce qui n'est point! qui pour satisfaire à l'opinion d'vne feinte & imaginaire misere, tire de nous de viues & poignantes douleurs! Comme le peintre Parrhasius, lequel mettoit ses esclaues à la gesne, pour pouuoir mieux exprimer les tourmens fabuleux de Promethee. Pourquoy faut-il que nous soyons si ambitieux à nostre mal, & que nous courions au deuant? Donnons-nous patience, & laissons-le venir: peut estre que le temps que nous estimõs nous deuoir apporter de l'affliction, nous amenera de la consolation. Combien peut-il suruenir de rencontres, qui pareront au coup que nous craignons? Le foudre se destourne auec le vẽt d'vn chapeau, & les fortunes des grands estats auec vn petit moment. Vn tour de roüe met en haut ce qui estoit en bas: & bien souuent d'où nous attendons nostre ruine, nous receuons nostre salut. Il n'y a rien si sujet à estre trompé, que la prudence humaine: ce qu'elle espere luy manque, ce qu'elle craint s'escoule, ce qu'elle n'attend point luy arriue. Dieu tient son conseil à part: ce que les hommes ont deliberé d'vne façon, il le resout d'vne autre. Ne nous rendons point malheureux deuant le temps, & (peut

b vij

estre) ne le serons-nous point du tout. L'aduenir qui trompe tant de gens, nous trompera aussi tost en nos craintes, qu'en nos esperãces. C'est vne maxime fort celebre en la medecine, Qu'és maladies aigues les predictions ne sont iamais certaines. Si le mouuemẽt violent de la chaleur d'vn corps naturel, fait perdre le iugement au medecin, qui sera le sage qui osera rien asseurer du succés de nos fureurs ciuiles, que lõ voit euidément esmues & entretenues par vne puissance plus qu'humaine? Il est mal-aisé de promettre le salut de nostre estat, mais aussi est-il incertain d'en predire la ruine. Cõbiẽ ya il eu de villes, d'estats, d'empires, qui ont esté croullez & esbranlez par de grans & horribles accidens, & tels que ceux qui les voyoient en attendoient la fin asseuree: & neantmoins qui se sont raffermis par leur esbranlement, & reuenus plus puissās & plus florissans, qu'ils n'auoiēt iamais esté.

Ceux qu'en passant la fortune rēuerse,
A son retour souuent elle redresse.

Il veut que ceux mesmes qui sont renuersez, esperent: & nous qui ne sommes encore qu'en pente n'espererons pas ? Les Romains, que i'appelle volōtiers à tesmoins és belles & genereuses actions, comme le plus vaillant & courageux peuple qui fut iamais au mōde, auoient bien occasion de desesperer de leurs affaires, apres que les Gaulois eurent saccagé leur ville, & auec le fer & le feu deraciné le plan de leur estat. Toutesfois ils ne rabatirent rien pour cela de leur esperance, & de l'affection qu'ils auoient à leur païs: au contraire le cœur leur creut en l'aduersité, & eurent le courage de retenter la fortune, qui se mõstra si fauorable, qu'ils tirerent de beaux triomphes de leurs propres ruines. Apres auoir perdu tant de batailles contre Annibal, & espuisé toute la ieunesse de leur ville en tant de rencontres & mal-encontres, ne deuoient-ils pas estre fort troublez? Au contraire, il se trouua des citoyés, qui meirent à l'enchere le champ sur lequel Annibal estoit campé: esperant tousiours bien de l'estat & du salut public. Et pour passer aux guerres ciuiles (qui sont ordinairemẽt les fatales & mortelles maladies des grans estats) qui n'eust pensé sous Sylla & Marius, que la republique Romaine estoit frapee au cœur? Et sous Cesar & Pompee, que Rome mesmes eust esté portee au champ de Pharsale, pour à communs frais de toutes les nations estre là deschiree & enseuelie par tous les peuples du monde? Et neantmoins elle ne fut iamais si puissante, ny si triomphâte qu'apres le têps de Marius & Sylla:& les guerres de Cesar & Pôpee ne furét que les trenchees de l'enfantement du plus grand, du plus beau, & du plus florissant empire du monde. Et pour des nations estranges reuenir à nous-mesmes: qui eust iamais creu que nostre pauure estat, couché tout de son long par terre à l'aduenement de Charles septiesme, n'ayant quasi plus ny poux ny haleine, se fust releué en si peu de temps, & eust estendu ses bras sur toutes les prouinces voisines, comme il feit incontinēt apres sous ses prochains successeurs? Il faut dire des fortunes des villes & des Royaumes, ce qu'on dit ordinairement des maladies des hommes: Tāt qu'il y a vie, il y a esperāce: L'esperance demeure au corps aussi lōg temps que l'esprit. Mais bien, n'esperons plus rien, tenons nos maux pour certains, encore qu'ils soient incertains: tenons-les pour presens, encore qu'ils soiēt à aduenir: estimez-vous que quand ils arriueroient, ils fussent si fascheux & intolerables que nous nous les imaginōs? Il s'en faudroit beaucoup. Le bannissement, la pauureté, la perte d'honneurs, la perte de nos enfans, la perte de nos amis, la perte de nostre vie, voilà dequoy est composé cest ost de maux que nous redoutons tant. Le nombre n'en eſt pas tel que nous penſons: encor qui les conſiderera l'vn apres l'autre, trouuera que ce ne ſont que valets de bagage, que l'on a mis en bataille pour nous eſtonner. Si nous ſommes armez, comme nous deuõs, rien de tout cela ne rendra combat: à voir ſeulement noſtre contenance aſſeuree, ils ſ'eſcarteront. N'eſtimez vous rien (direz-vous) de perdre ſon païs, & eſtre cõtraint de changer de demeure? Que faites-vous de cet amour naturel, que nous deuons à la patrie? I'en fay ce que Platon en a fait, quand il a quitté Athenes pour aller demeurer en Sicile & en Egypte. I'en fay ce que vous-meſmes euſſiez fait, ſ'il ſe fuſt preſenté vne honorable occaſion de vous en aller dix ou douze ans en ambassade en quelque païs estranger: non seulemēt vous eussiez abandonné vostre ville, mais (si vous voulez dire la verité) vous eussiez à vn besoin abandonné la terre, pour elire vostre domicile en vn nauire, & attacher vostre vie aux cordages d'vn vaisseau. Ce qu'vn peu d'hōneur vous eust persuadé, que la raison vous le persuade: le commandement d'vn prince qui vous en eust chargé, vous l'eust fait trouuer bon: que la necessité & le destin, ausquels vous deuez dauātage d'obeissance, en facent autant. Combien y a-il auiourd'huy d'hommes, qui se sont bannis volontairement de l'Europe, pour aller peupler les extremitez de l'Asie? Voyez-les, ils loüent leur fortune, comme asseuree & pleine de biens: & deplorēt la noſtre, comme miſerable, pleine de pauureté, & de trouble tout enſemble. C'eſt faire tort à l'homme, qui eſt nay pour tout voir, & tout cognoiſtre, de l'attacher à vn endroit de la terre. C'eſt le ciel qui eſt le vray païs, & le commun païs des hommes, d'où ils ont tiré leur origine, & où ils doiuent retourner: & pour cette occaſion ſe voit-il par les hommes, & ſe monſtre-il à chacun d'eux, quaſi tout en tous les endroits de la terre, en vn iour & en vne nuict, où au cōtraire la terre, qui n'eſt qu'vn petit poinct au prix, & qui auec tout ce qu'elle embraſſe de ſes mers, & arrouſe de ſes fleuues, n'eſt pas vne cent ſoixantieſme partie de la grādeur du Soleil, ne ſe mōſtre à nous qu'à l'endroit où nous l'habitōs. Voudrions-nous attacher les affectiõs de l'hõme à vn si vil obiect, qu'est vn coin de la terre? & le contraindre, pour estre heureux, de demeurer tousiours en vn mesme lieu, dont la demeure ne luy est agreable qu'en tant qu'il la peut quitter quand il veut? Forcez-le de n'en bouger, ce païs où vous trouuez tant de plaisir, luy sera aussi tost ennuyeux. Celuy qui auoit toute sa vie vescu enfermé dans les murailles de sa ville iusques à l'âge de quatre vingts ans, quand on luy eust fait defense d'en sortir, mourut de regret: & commença à haïr ce dont il iouissoit par force, & à aimer ce que lon luy defendoit. Et ce genereux Romain Rutilius, estãt rappelé d'exil par Sylla, ne voulut pas reuenir: & estima plus douce la solitude de son isle, que la grandeur & magnificence de sa ville. Voyez en combien peu de temps il auoit appris à faire peu de cas de son païs : il aimoit mieux en perdre la veüe, que supporter celle de celuy, qui en auoit opprimé la liberté : il pouuoit bien endurer l'exil, & il ne pouuoit pas endurer le tyran. Mais interrogez-le, il ne vous dira pas seulement que son exil fut tolerable, il vous le depeindra doux & voluptueux, il vous monstrera que toutes ses vertus l'auoient suiuy, qu'outre cela mesme il y auoit acquis l'amitié de la philosophie: & vous dira d'auantage, qu'il ne pense auoir vescu, que le temps qu'il a esté banny. Ce n'est donc qu'vn amour imaginaire, que celuy que vous regrettez, lequel n'a racine qu'en l'opinion, que peu de chose peut arracher. Toute terre est païs à celuy qui est sage: ou pour le moins (comme disoit Pompee) il doit estimer que son païs est, où est sa liberté. Toutes sortes d'hommes luy sont concitoyens, il les recognoist pour alliez, pour parens, sortis d'vne mesme tige, qui est la main de ce grand pere, qui les a tous creez. Vous voyez mesmes que la bõne fortune en tire quelques-vns par la main dehors de leur païs, pour les faire grans & puissans en vne terre estrange. Ie vous prie contez-moy des Empereurs qui ont regné à Rome depuis Trajan, combien il y en a eu natifs de la ville? Direz-vous que ces gens-là qui ont quitté, qui l'Espagne, qui l'Esclauonie, qui les Gaules, qui l'Afrique, pour venir au plus au plus grand Empire du monde, ayent regretté, ny deu regretter leur païs? Ouy mais nostre condition ne sera pas semblable, nous sortirons d'vn sac de ville, nuds comme d'vn naufrage, & perdrõs tous nos biens. C'est donc la pauureté que nous craignons : voilà parler franchement. Et qu'est-ce à dire craindre la pauureté ? C'est à dire, perdre tant de beaux meubles que nous auons amassez, la commodité d'vne maison biẽ paree, vn lict bien mollet, la viande bien aprestee. Leuons le masque à nostre plainte, & voilà la vraye cause de nostre douleur. Nous sommes delicats, voilà nostre maladie. Vn homme à qui les bras demeurẽt de reste, se doit-il plaindre de la pauureté? Celuy qui a vn art, la doit-il craindre ? Celuy qui

c

est nourry aux lettres & aux sciences, la doit-il fuir? L'extreme pauureté, qui n'a pas dequoy suffire à la nature, n'arriue quasi iamais: la nature nous est fort equitable, elle nous a formé d'vne façon, que peu de choses nous sont necessaires. Si nous voulons viure selon son desir, nous trouuerons tousiours ce qu'il nous faut: si nous voulons viure selon celuy du vulgaire, nous ne le trouuerons iamais. Ceste autre pauureté, qui est plustost mediocrité & frugalité, est desirable: tant s'en faut qu'elle soit formidable. C'est celle qu'Archesilas disoit estre semblable à l'Itaque, qui estoit aspre & rude, mais qui portoit des hommes genereux & téperans. C'est le doüaire de la vertu, & principalement en ce temps, où peu de riches ont esté vertueux, & peu de vertueux ont esté riches : & où, pour dire beaucoup de choses en vn mot, rien n'a tant empesché les honnestes gens d'auoir des biens & honneurs, que de les meriter. Que pesez-vous que celuy-là nous despoüillera d'estranges solicitudes, qui nous despoüillera de nos biës? Il nous rendra vrayment maistres de nos vies, dont les affaires, les procés, les querelles emportent la meilleure partie. Elle sera lors toute à nous, quand nous la pourrons employer à ce que nous voudrons. O faux biens, qui vous cognoistroit bien, vous estimeroit de vrais maux! Qui nous rend esclaues, sinon vous? Qui nous fait endurer les iniures, sinon vous? Qui nous oste la liberté, sinon vous? Qui nous attache aux por-

c ij

tes des princes, nous rend esclauez de leurs valets, nous fait obseruer leurs actions, flechir au clin de leurs yeux, sinon vous? Richesses, personne ne vous peut louer qui ne blasme la liberté. Richesses, aucun ne vous peut acquerir ny garder, qui ne renonce au repos de son esprit: & toutesfois on vous appelle biens. Ouy, comme instrumens vtiles, & quelquesfois necessaires aux belles actiōs: dont l'vsage est toutesfois si chatouilleux & si difficile, que peu souuēt se rencontre-il que vous profitiez plus que vous ne nuisez. Or ie veux, qu'auoir des commoditez en ce monde, ce soit bien: n'en n'auoir point, n'est pas mal pour cela. Car la pauureté & les richesses sont bien choses diuerses, mais non contraires. Ce sont diuers biens, diuers instrumens de la vertu. Auec l'vn elle opere plus aisément, mais auec l'autre plus parfaitement. Mais quelque chose qu'il en soit, la pauureté profite plus qu'elle ne nuist, pour paruenir à ce souuerain bien, auquel tout le monde doit aspirer, qui est le repos de l'ame, & la tranquillité de l'esprit. Combien en auons-nous encor auiourdhuy, qui pour ceste mesme occasion renoncent à leurs richesses, & embrassent la pauureté? Combien, qui n'estiment estre libres que du iour qu'ils se sont faits pauures? Qui ne pensent viure, que du iour qu'ils sont morts au monde? Puis que nostre vie est si courte, & qu'il nous faut partir d'icy sans rien emporter de ce que nous y auons amassé, nostre aisance est-elle pas d'y estre le moins chargez & embarassez de bagage que nous pourrõs? La vie des pauures est semblable à ceux, qui nauigent terre à terre: celles des riches à ceux, qui se iettent en pleine mer. Ceux-cy ne peuuẽt prendre terre quelque enuie qu'ils en ayent, il faut attendre le vent & la maree: ceux-là viennent à bord quand ils veulent, il ne faut que ietter vn petit cordeau, on ameine incontinent leur barque au riuage. O pauureté, à combien de choses tu es propre, qui te cognoistroit bien ne te blasmeroit pas! Helas si nous voyions aussi à clair les soupçõs, les ialousies, les craintes, les frayeurs, les desirs, les cupiditez des grans, que nous voyons les couuertures de leurs maisons, & frontispices de leurs palais; la lueur de leurs meubles, la splendeur de leurs vestemés, nous n'enuiriōs pas leur fortune. Quand on nous diroit, Voilà il faut tout prédre, ou tout laisser, aduisez si vous voulez les biens de cet homme là, auec ses incommoditez : nous nous retirerions sans marché faire, & nous estimerions bien-heureux de nostre pauureté. Si elle estoit si mauuaise, qu'on nous la fait, nous ne loüerions pas si hautement les Fabrices, les Serrans, les Curies. Car ceste frugalité, auec laquelle ils reiettoient l'or & l'argent, pour cultiuer la terre: les delices, pour embrasser le trauail; les friandises, pour se nourrir de pain & d'oignōs, qu'estoit-ce autre chose qu'vne pauureté volōtaire? C'est vn grād cas, quand nous iugeōs de la pauureté entre person-

c iiij

nes estranges, elle gaigne sa cause, elle s'en va loüee & estimee: qu'est ce cela sinon declarer que nostre interest particulier nous corrõpt, & nous empesche de iuger droitement lors qu'il y va du nostre? Certainemét entre personnes nõ passionnees elle est loüable: mais entre quelques personnes que ce soit, elle est supportable. Or si nous nous pouuons persuader de supporter la pauureté, combien plus aisément la perte de nos dignitez & honneurs? Dignitez, qui ne sont qu'vne seruitude volõtaire, par laquelle nous nous priuõs de nous-mesmes, pour nous donner au public. Honneurs, qui en toutes saisons ont apporté aux grans hommes qui les ont dignement maniez, l'exil & la pauureté. Repassez en vostre memoire l'histoire de toute l'antiquité, & quand vous trouuerez vn magistrat qui aura eu grand credit enuers vn peuple, ou aupres d'vn prince, & qui se sera voulu comporter vertueusement, dites hardiment, Ie gaige que cestui-cy a esté banni, que cestui-cy a esté tué, que cestui-cy a esté empoisonné. A Athenes Aristides, Themistocle & Phocion : à Rome infinis, desquels ie laisse les noms pour n'emplir le papier, me contentant de Camille, Scipion, & Ciceron, pour l'antiquité : de Papinian, pour le temps des Empereurs Romains : & de Boëce, sous les Gots. Mais pourquoy le prenons nous si haut? Qui auōs-nous veu de nostre siecle tenir lés seaux de France, qui n'ait esté mis en ceste charge, pour en estre deietté auec contumelie? Celuy qui auroit veu monsieur le Chancelier Oliuier, ou monsieur le Chancelier de l'Hospital, partir de la Cour pour se retirer en leurs maisons, n'auroit iamais enuie de tels honneurs, ny de telles charges. Imaginez-vous ces braues & venerables vieillars, esquels reluisoit toute sorte de vertus, & esquels entre vne infinité de grandes parties vous n'eussiez sceu que choisir, remplis d'erudition, consommez és affaires, amateurs de leur patrie, & vrayment dignes de telles charges, si le siecle n'eust esté indigne d'eux. Apres auoir longuement & fidelement serui le public, on leur dresse des querelles d'Alleman, & de faulses accusations pour les bannir des affaires, ou plustost pour priuer les affaires : comme vn nauire agité de la cõduite de si sages & experts pilotes, à fin de le faire plus aisémẽt briser. En toutes saisons c'est ambition que de desirer les charges publiques, & foiblesse de courage de les regretter : en ceste-cy c'est fureur, en ceste-ci, dy-ie, où l'authorité du magistrat sert humblement, voire honteusemẽt aux passions de ceux qui ont la force en la main : en vn temps où la liberté est capitale, & la verité crimineuse : en vn temps où la misere publique implore vostre aide, & la violence des mechans vous ferme la bouche. Ce n'estoit pas vn conseil que Caton donnoit à son fils, mais c'estoit vn oracle qu'il prononçoit aux hommes de nostre temps, quand il luy dissuadoit de ne se point mesler du gouuernement: Pour ce (disoit-il) que la licéce du temps ne te peut permettre de riẽ faire digne du nom de Caton, ny le nom de Caton de rien faire indigne de sa generosité. I'accuse quant à moy, ceux qui ont encore des charges publiques. Et croy que s'il y a rien en quoy la fortune qui nous menace, nous puisse estre fauorable, c'est à descharger les gens de bien de ce fardeau, qui les gréue il y a fort long temps. Tant y a que quiconque voudra conter ses honneurs entre ses pertes mesmes, celles qui sont à laméter, & qu'on peut mettre en auant, pour estre iuste cause d'vne tristesse, semblable à celle qui vous tourméte, ie le iuge pour delicat, & le censure dés à present cõme indigne de la dignité qu'il craint de perdre. Mais me dira on, que respondrez-vous à la perte de nos amis, de nos parens, de nos enfans, qui nous est menacee par tels accidens, que ceux que nous craignons? Ie vous respondray que quand cela seroit arriué, & que la ruine de nostre ville les auroit accablez, nous aurions dequoy nous consoler : car la mort leur seroit tres-heureuse. Nous ne nous faschons pas, à mon aduis, de ce qu'ils sont naiz mortels, & qu'il faut partant qu'ils meurent vn iour : mais seulement de ce qu'ils meurent en ce temps cy. Nous n'ignorons pas, que puis qu'ils sont naiz hommes, il faut qu'ils soiét separez de nous, qu'ils aillent deuant, ou qu'ils nous suiuent. Et ce aussi bien en la paix comme en la guerre, aussi tost par maladie que par glaiue. De quelque façon que ce soit, ils ne peuuent eschaper le coup de la mort: mais ou plustost ou plus tard, vn peu deuant ou vn peu apres: c'est dequoy nous sommes tant en peine. En quelle saison la mort leur pourroit-elle arriuer plus à propos, que quád la vie est ennuyeuse? S'ils auoient à la souhaiter, ou nous pour eux, quel autre temps pourroiét-ils choisir plus propre? A quelle heure le port est-il plus desirable, que quand on est fort battu de la tempeste? Le vray vsage de la mort, c'est de mettre fin à nos miseres. Si Dieu eust fait nostre vie plus heureuse, il l'eust faite plus longue. Il ne faut dõc pas plaindre leur mort, pour leur interest, pour le nostre il seroit mal seant. Car c'est vne espece d'iniure, d'auoir regret au repos de ceux qui nous aimēt, pource que nous en sommes incòmmodez. Particulierement, pour ce qui concerne la perte de nos amis, il nous demeure tousiours vn remede, que la Fortune, pour si rude & cruelle qu'elle soit, ne nous peut arracher. Car si nous les suruiuõs, nous auons moyē d'en faire d'autres. Comme l'amitié est vn des plus grans biens de la vie, aussi est il des plus aisez à acquerir. Dieu fait les hommes, & les hommes font les amis : à qui la vertu ne manque point, les amis ne manqueront iamais. C'est l'instrumēt, auec lequel on les fait, & auec lequel quand on a perdu les anciēs, on en refait de nouueaux. Si Phidias eust perdu quelqu'vne de ses tant estimees statues, quel moyen eust-il eu de reparer ceste perte?

c'eust esté d'en refaire vne semblable. La fortune nous a elle osté nos amis? faisons en de noueaux: par ce moyen nous ne les aurons pas perdus, mais multipliez. Ceux là nous iront attendre deuant au seiour preparé pour les belles & pures ames, & les derniers nous rendrõt le chemin, qui nous reste plus doux par leur compagnie. Peut estre (me direz vous) pourrõs nous prendre patience és aduersitez que vous nous auez cottees. Car pour dire vray, cela ne frape que sur la robe, & ne touche que ce qui est à l'entour de nous, les biens, les honneurs, les amis, les enfans. Mais si le mal vient plus auant, & qu'il penetre iusques à nostre propre personne, commét ferons-nous pour ne le pas sentir, ou le sentant pour ne nous en pas affliger ? Car vous pouuez preuoir, que si la fureur de nos seditieux citoyens, se tourne vne fois sur nous, qui leur sommes desia suspects, qu'ils nous ietterõt dans des prisons, nous mettront aux tourments, & seuiront contre nous, comme ils ont fait contre tant d'autres, desquels nous n'auons esté distinguez, que par nostre meilleure fortune. Ou bien, comme nous en sommes à la veille, si la ville est prise ou surprise, & passe par vn sac & pillage, nous tomberons entre les mains des barbares & inhumains soldats, peut estre mesme estrangers de nation, qui apres nous auoir battus & tourmentez, nous tiendrõt en vne miserable captiuité : où nous demeurerons, parauanture, malades & languissans sans secours, peut estre adioustera-on les tourmens aux maladies. Et en fin, nous verrons nous mourir en ceste misere: pour le comble de laquelle, nous aurons autour de nous de pauures petits enfans, destituez de toute conduite, à la cõpassion desquels nous ne pourrons apporter autre chose que les souspirs. Qui sera l'esprit si affermi, qui pourra supporter telles atteintes? Et qui se trouuant en telle angoisse sans remede, ne maudisse cét fois le iour sa vie, ne deteste l'heure de sa natiuité, & ne souhaite auoir esté auorté plustost qu'enfanté? De ce qui nous peut arriuer, voilà ce qui en est le plus dur & plus fascheux, ie le confesse: mais qu'il soit insupportable, ie le nie, & soustiens que la vertu peut soustenir brauement cest asfaut, demeurer victorieuse, & cõseruer sous son bouclier nostre esprit sain & entier, plein de repos & de contentement. Mais si nous auons à entrer en ce combat, ne donnons point plus d'auantage à nostre ennemi qu'il en a, ne le faisons point plus grand qu'il est: ne le laissons point venir en troupe à nous, contraignons-le de venir vn à vn à la breche. Ce qui se presente le premier pour nous faire peur, ce sont de grãdes & fascheuses maladies. Pourquoy plustost auiourdhuy, que non pas il y a vingt ans? Pensons-nous que les maladies soient plus frequentes, ou plus fascheuses en la pauureté qu'en l'abondance, en la frugalité qu'és delices? Bon Dieu que nous sommes aueugles! auons nous iamais trouué par les villages des gouttes, des coliques, des pierres, des migraines? Quant à moy, ie confesse que ie n'y en vey iamais, & si i'y ay bien pris garde. Toutes ces sortes de maux-là, qui sont maladies aigues & douloureuses ne sont que dãs les villes, & encore dans les palais des grans: c'est le salaire des festins, des banquets, des jeux, des veilles, des nuicts passees entre les plaisirs & les voluptez. Tellement que les miseres que nous endurons, entre autres commoditez qu'elles nous apportẽt, elles nous ostent la cause de ces grans maux-là, & les deracinent, retranchant les fibres & rameaux des plaisirs qui les nourrissoient & entretenoiẽt. Or quand bien elles nous deuroient arriuer, où pourroient-elles estre mieux guaries que chez la pauureté? que penfez-vous que contiennent tous les liures de Galien & d'Hippocrates plus falutaires à toutes, ou pour le moins à la plus part des maladies, que la fobrieté? Tous ces autres remedes que la medecine a inuentee auec tant d'art & d'induftrie, ne font quafi que pour les delicats, qui veulent guarir auec volupté, & fans rien rabatre de leurs plaifirs, aimans mieux pour medecin l'artifice, que la nature. Mais encore ie veux bien que les remedes nous manquent, pour cela le courage nous doit-il manquer? pour cela voudrons-nous nous laiffer donter à la douleur, & fous-mettre ce qui eft fouuerain en nous, à cette puiffance eftrangere? Ce feroit vne trop grande lafcheté, veu le moyé que la raifon & le difcours nous donnent pour y resister. Ou les maladies qui nous peuuét suruenir, nous apportent vne violente douleur, ou bien vne douleur moderee : si elle est moderee, elle est aisee à supporter: nous qui auõs fait ja coustume d'endurer, ne nous deuõs pas plaindre des petits maux:& puis que nous craignons & attendons les plus grans, nous deuons remercier nostre destin de nous quitter à si bon marché, & nous rédre moins miserables que nous ne pensions. Bref, qui pourra ouïr la voix de celuy qui se plaint de peu de chose, principalemét en vne saison où personne n'est exépt de mal? Si le mal est violent, il sera court : la nature ne permet pas que les grans maux soient durables, & leur a donné ceste consolation, que la soudaineté en oste quasi le sentiment. Cela va comme vn torrent, en vn momét vous le voyez à sec, & ne sçauez qu'il est deuenu. Le mal si court ne vous donne pas loisir de vous plaindre, il est passé auant que vous l'ayez quasi recogneu : si vous l'eschapez, il vous laisse comme vn plaisir : s'il vous emporte, il vous oste aussi le sentiment de la douleur. Mais quoy que ce soit, le mal n'en peut iamais estre si grand, que la raison & le discours ne le doiue surmonter. Ie vous rapporterois les exemples des anciens si frequents que rien plus, non pas d'hommes mais de femmes mesmes, qui ont soustenu de longues & douloureuses maladies auec tant de constance, que la douleur leur a plustost emporté la vie, que le courage. Mais où les irois-ie chercher si loing pour vous qui en auez vn domestique plus signalé qu'aucun de l'antiquité? ie dy celuy de vostre bonne & chere sœur, qui en ceste enragee colique de six mois, qui en fin l'a emportee, a monstré vn esprit si entier, vn courage si inuincible, que ses propos, qui ne luy ont point failly iusques à la fin, n'ont esté que consolations à ceux qui la voyoient : & loüanges & actions de graces à Dieu, de la main duquel elle receuoit si contente le mal & le recōfort. Or passons legerement sur ceste cicatrice, car ie craindrois au lieu de sōder vne nouuelle playe, de rentamer ceste là qui vous a si viuement & profondemēt atteint. Quāt aux tourmens que nous pouuōs craindre de ceux, entre les mains desquels nous

nous pourrions tomber, il ne faut pas douter que si nous pouuons prendre la resolution, à laquelle & les raisons & les exemples que ie vous ay representez cy dessus, nous inuitent, que nous n'en venions aisément à bout. Car ils ne sont pas plus difficiles à supporter, que les grandes & fascheuses maladies : au contraire il semble qu'ayans le corps & la santé entiere pour y resister, que la nature nous seconde en ce combat, & nous preste des forces pour nous y rendre victorieux. Il n'est pas croyable, combiẽ en cest endroit peuuent le discours & la raison, non seulemẽt à nous rendre constans, mais mesmes à nous faire trouuer douce & plaisãte la douleur. Ce seroit chose immense de vous citer les exemples de ceux,

d

qui non seulement ont courageusement attendu le tourmét : mais persuadez par la raison l'ont esté chercher, & l'ont supporté auec quelque plaisir. Vous sçauez comme en Lacedemone les ieunes enfans s'entrefouetoient viuement, sans que lon apperceust en leur visage aucune marque ne resentiment de douleur. Quoy donc, estoient-ils insensibles? non certainement, mais en ce tendre âgelà ils s'estoient tellement imprimez en l'esprit, que c'estoit vne grande gloire, que de s'accoustumer à endurer pour seruir au païs, qu'ils surmontoient aisément la douleur par le courage, & rioient de ce que les autres ont accoustumé de plorer. Ne sçaurions-nous faire pour l'honneur de la vertu, ce que ceux-là faisoient pour leur païs ? pour le repos de nostre esprit, ce qu'ils faisoient pour le bien de leur republique? Le page d'Alexandre se laissa brusler par vn charbon, sans faire frime aucune ne contenance de se plaindre, de peur de faire en la presence de son maistre quelque chose d'indecent, & qui troublast la ceremonie du sacrifice: Et nous à la presence des hommes, des anges, de la nature, & de Dieu mesmes, n'endurerons nous point quelque chose, qui mõstre que nous nous sçauons accommoder aux loix de l'vniuers, & à la volõté du souuerain ? Pompee estant allé en ambassade pour le peuple Romain, fut surpris par le Roy Gentius, qui le voulut contraindre de deceler les affaires publiques: mais pour luy monstrer qu'il n'y

d ij

auoit tourment au monde, qui le luy peuſt faire dire, il meit luy meſmes ſon doigt au feu, & le laiſſa bruſler iuſques à ce que Gétius meſmes l'en retira. Il cherchoit le tourment, pour faire paroiſtre ce que pouuoit ſa fidelité: & nous, ſi le tourment nous arriue, voulons-nous trahir noſtre ame, & oublier ce que nous deuōs d'honneur à ce qui eſt de diuin en nous ? Voulons-nous (dy-ie) lors abbaiſſer noſtre eſprit, & l'aſſeruir à noſtre corps, pour ſe condouloir auec luy, & compatir à ſes maux ? Bien plus genereux eſtoit ce braue Anaxarque, qui demy briſé dans les mortiers du tyran, ne voulut iamais confeſſer que ſon eſprit fuſt touché du tourment. Pilez, broyez tout voſtre ſaoul (diſoit-il) le ſac d'Anaxarque : car quant à luy vous ne le sçauriez blesser. De là, de là venoit ceste belle resolution, de là, comme d'vne viue source, decouloit ceste constance, qu'il auoit bien appris, que nostre corps n'est pas vne partie de nous, ny n'est pas mesmes à nous : ce n'est qu'vne robe empruntee, pour faire paroistre pour vn téps nostre esprit sur ce bas & tumultuaire theatre. Or celuy-là seroit-il pas trop delicat, qui criroit & huiroit pour ce que lon luy auroit gasté sa robe, que quelque espine la luy auroit accrochee, ou quelcun en passant la luy auroit deschiree ? quelque vil fripier, qui voudroit faire son profit de telle denree s'en plaindroit : vn prince, vn grand, vn riche bourgeois s'en riroit, & n'en feroit conte, comparát ceste per-

d iij

te au reste des grans biens qu'il a. Faisons cas de nostre ame comme nous deuons, soyons curieux de son honneur & de son repos, & nous ne ferons aucun cas de tout ce que nostre corps peut endurer icy bas. Ouy mais le mal sera si grand que nous y perdrons la vie, & verrons trancher le fil de nos ans par le fin beau mitã. Qui est-ce qui se peut garantir d'apprehender ce coup, duquel la nature mesmes a horreur? Car la mort, encore qu'elle vienne à son terme, si est-elle espouuantable: combien plus le sera-elle, quand elle s'auancera, & nous cueillera en verd au fort de nostre ieunesse? Nous nous trompons, la mort n'a rien de soy d'effroyable, non plus que la naissance : la nature n'a rien d'estrange, ny de redoutable. La mort est tous les iours parmi nous, & ne nous fait point de peur: nous mourons tous les iours, & chaque heure de nostre vie qui est passee est morte pour nous. La derniere goutte qui sort de la bouteille, n'est pas celle qui la vuide, mais qui acheue de la vuider: & le dernier moment de nostre vie, n'est pas celuy qui fait la mort, mais seulement qui l'acheue. La principale partie de la mort consiste en ce que nous auons vescu. Plus nous desirōs viure, plus nous desirōs que la mort gaigne sur nous. Mais d'où nous vient ce desir? De l'opiniō du vulgaire, qui veut tout mesurer à l'aune, & n'estime riē de precieux que ce qui est grand: ou au contraire les choses exquises & excellentes sont ordinairement subtiles & deliees. C'est vn traict de grand maistre, d'enclorre beaucoup en peu d'espace. Et peut-on dire, qu'il est quasi fatal aux hommes illustres de ne pas viure long temps. La grande vertu, & la grãde vie ne se rencontrent gueres ensemble. La vie se mesure par la fin, poururu qu'elle en soit belle, tout le reste a sa proportion : la quantité ne sert de rien, pour la rendre ou plus, ou moins heureuse : non plus que la grandeur ne rend pas le grãd cercle plus rond, que le petit : la figure y fait tout. Encore (direz-vous) souhaiteroit on volontiers de mourir en paix dans son lict entre les siens, consolé d'eux en les consolant. Cela est miserable d'estre tué en quelque coin, & demeurer sans sepulture. Tant de gens qui vont à la guerre, & prennent la poste pour se trouuer à vne bataille, ne sont pas de cest aduis. Ils vont mourir tout en vie, & chercher vn tombeau entre les morts de leurs ennemis. Les petits enfans craignét les hommes masquez: descouurez leur le visage, ils n'en ont plus de peur. Aussi, croyez-moy, le feu, le fer, la flamme, nous estonnent comme nous nous les imaginōs: leuons leur le masque, la mort dont ils nous menacent, n'est que la mesme mort, dont meurent les femmes & les petits enfans. Mais ie laisseray (me direz-vous) de petits enfans orfelins, sans conduite, & sans support: Comme si ces enfans-là estoiét plus à vous qu'à Dieu: comme si vous les aimiez dauantage que luy, qui en est le premier & plus vray pere: ou cō-

d v

me si vous auiez plus de moyen de les conseruer que luy. Non non, ils auront le pere commun de tout le monde, qui veillera sur eux, & qui les conseruera sous l'aile de sa faueur, comme il fait toutes ses creatures, depuis les plus grandes iusques aux plus petites. Les maux donc ne sont iamais si grans, que nostre ambicieuse opinion nous les propose: elle nous donne l'espouuante par ses artifices. Mais bien nous perd elle, & corrompt elle tout à fait, quand elle nous veut persuader, qu'en telles occasions il nous faut chémer & ennuyer. Vraymét quand la tristesse qu'elle nous apporte, n'auroit rien de pire que la deformité dont elle est accompagnee, si la deurions-nous fuir à voiles & à rames. Obseruez-la si tost qu'elle entre chez nous, elle nous remplit d'vne honte, que nous auons de nous monstrer en public, voire mesmes en particulier à nos amis. Depuis que nous sommes vne fois saisis de ceste passion, nous ne cherchõs que quelque coin pour nous accroupir, & fuir la veüe des hommes. Nous ne voulons plus de tesmoins de nos actiõs, la veüe de nos amis nous est à charge. Qu'est-ce à dire cela, sinon qu'elle se condamne soy-mesmes, & recognoist combien elle est indecente? ne diriez-vous pas que c'est quelque femme surprise en desbauche, qui se cache & se musse, & a honte d'estre recogneüe? Ou le Cherea de Terence, qui s'estant habillé en Eunuque, pour faire vne friponnerie, se trouue surpris au milieu de la rue, ou en vne

d vj

maison estrange? C'est bien habiller les hommes en eunuques, voire les chastrer du tout, que de les laisser tomber en ceste tristesse-la qui leur oste tout ce qu'ils ont de masle & genereux, & nous donne toutes les cōtenances & toutes les infirmitez des femmes. Aussi les Thraces habilloiēt-ils en femmes les hommes qui estoient en dueil, fust pour leur faire honte d'eux-mesmes à eux-mesmes, ou pour leur donner occasion de cesser bien tost de si mauuaises & effeminees contenāces. Mais qu'estoit-il besoin de ces habits-là pour cela? Car il me semble que leurs visages & toutes leurs actiōs leurs estoient vn suffisant aduertissement qu'ils n'estoient plus hommes. C'estoit à mon aduis vn reproche public que les loix leur faifoient de leur pufillanimité, vne femõce de reuenir à eux-mefmes, & reueftir leur courage viril. Les loix Romaines, qui ont efté plus genereufes, n'ont pas cherché des remedes par la hõte contre ces effeminees lamentations: car elles les ont defendu tout à fait par leurs premieres & plus pures ordonnances. Elles n'ont pas penfé que la mort ny de pere, ny de mere, ny d'enfans, ny de parent, ny d'ami, deuft eftre caufe de nous denaturer, & faire chofe cõtraire à la virilité. Bien ont elles permis les premieres larmes qu'épreint vne fraifche & recéte douleur. Ces larmes, dy-ie, qui peuuẽt mefmes tomber des yeux des philofophes, & qui gardẽt auec l'humanité la dignité, qui peuuent choir de nos yeux sãs que la vertu choye de noſtre cœur. C'eſtoient ie penſe de celles-là qui couloient ſur les joües de la belle Panthea, quand Araſpes en deuint amoureux, pour l'auoir veu plorer fort tendrement & pitoyablement à ſon gré la mort de ſon mary. Car les premieres pointes de la douleur eleuent en nous des paſſions ſi viues & ſi naïfues, qu'elles paſſent aiſément en l'eſprit de ceux qui nous voyent, & les enflammét de la meſme ardeur. Mais ceſte triſteſſe enuieillie, qui a penetré iuſques à la moüelle de nos os, fane noſtre viſage, & fleſtrit noſtre ame tout enſemble, de telle façon que rien n'eſt plus agreable en nous. Et ſi la nature a fait naiſtre quelque choſe d'aimable en noſtre corps, ou en noſtre eſprit, il ſe fond en ceſte amere paſſion, comme la beauté d'vne perle se dissout dans le vinaigre. C'est pitié lors que de nous voir : nous nous en allons la teste baissee, les yeux fichez en terre, la bouche sans parole, les membres sans mouuemens, les yeux ne nous seruët que pour pleurer, & diriez que nous ne sommes rien que des statues suátes. Ce n'est pas sans cause que les poëtes nous ont laissé par memoire, que Niobé auoit ésté conuertie en vne image de pierre à force de pleurer. Ils n'ont pas seulement voulu par là, comme vn ancien a pensé, nous representer le silence qu'elle auoit gardé en son dueil, mais aussi nous apprendre qu'elle auoit perdu tout sentiment pour s'estre abandonnee à la tristesse. Nous la deuriós donc fuir, quand ce ne seroit que pour estre si indecente & deshonneste: mais elle est auec cela estrangement dommageable, & en cela d'autant plus dangereuse, qu'elle nuit sous couleur de profiter. Elle fait semblāt d'accourir pour nous secourir, & au contraire elle nous offense: elle fait contenance de tirer le fer de la playe, & elle l'enfonce iusques au cœur: elle nous promet la medecine, & nous dōne le poison. Ses coups sont d'autant plus difficiles à parer, & ses entreprises à rompre, que c'est vn ennemi domestique, nourri & eleué chez nous, & que nous auons nous mesmes engēdré pour nostre peine. A mon aduis que c'estoit d'elle de qui parloit le comique Grec, quand il s'escrioit contre les hommes: O pauures gens, combien endurez vous de maux volontaires, outre les necessaires que la nature vous enuoye! Car de qui nous pouuons nous plaindre, que de nous, quád apres le sentiment des maux passez nous en retenons encor la fascherie, & nous opiniastrons à les remascher & ramener continuellemẽt en nostre memoire, ou que par la crainte de l'aduenir nous languissons decouragez? N'est-ce pas de nous que nous vient ce mal-la, duquel nous ne nous deuons pas esbahir s'il est si durable, veu qu'il est comme les fleuues qui sortent de la mer & y retournent, & qui pour auoir leur origine où ils prennent leur fin, ne tarissent iamais? Pauures sots! pourquoy arrousons nous si soigneusemẽt ceste plante, dont les fruits sont si amers? trouuõs-nous quelque gouſt à ces plaintes, ces ennuis, ces regrets, ces ſouſpirs, dont elle enfielle noſtre vie, & empoiſonne toutes nos actiõs? Car tant qu'elle habite chez nous, que faiſons nous digne du nom d'homme? A quelle heure penſons nous à ſeruir la patrie, à faire l'office d'vn bon citoyen, à nous oppoſer aux factions des meſchans, à defendre les loix des aſſauts de l'ambition & de l'auarice, à ſecourir nos amis de l'oppreſſion des meſchans? Quelle relaſche nous donne ceſte importune paſſion, pour leuer les yeux au ciel, & auec vn eſprit pur remercier ce grand & ſouuerain Empereur, qui nous a colloquez icy bas, & nous a faict tant de graces & de faueurs, que quand nous n'aurions autre choſe à faire qu'à l'en remercier, ſi n'aurions nous pas en toute noſtre vie du temps à demy? Certainement on ne la ſçauroit excuſer, elle eſt ou fort indiſcrette, ou fort maligne: car ou ſa fin eſt mauuaiſe, ou elle erre & ſ'eſgare de ſa fin. Si ſon but eſt d'augmenter noſtre mal, & que plus elle empiete ſur nous, plus elle rende noſtre vie faſcheuſe & ennuyeuſe, que ne la repouſſons nous à l'abordee, que ne luy fermons nous la porte au nez, ou pour le moins que ne la chaſſons nous par les eſpaules ſi toſt que nous cognoiſſons ſes deſſeins? Nous ſommes bien traiſtres à noſtre propre repos, ſi cognoiſſans ſes ennemis, ſi ſçachans qui ſont ceux qui le ruinent, nous les receuons, nous les ſupportons, nous les choions? Si ſon but eſt de ſoulager noſtre douleur, la diminuer & deſtráper en nos larmes, pourquoy nous ſeruons nous ſi long temps d'vne ſi mauuaiſe & temeraire officiere, qui fait tout le contraire de ce qu'elle veut? Qui l'a iamais veu paruenir à ce but-la? en quel eſprit eſt elle iamais entré qu'elle ait conſolé? Au cõtraire ſi elle l'a trouué tremblant, ne l'a elle pas terracé? ſi cheant, accablé? Il n'en ſort pas vn d'entre ſes mains, que gaſté, froiſſé & briſé. Quãd elle y a paſſé, il n'y demeure plus de force ny de reſiſtance, & deuient comme vn lieu bas & creux, qui n'eſt pas ſeulement ſaly des ordures qui y croiſſent, mais de tous coſtez les eſgouts ſ'y deſchargẽt, & l'eau pure ſ'y corrõpt. Car l'homme ſaiſi de triſteſſe, ſ'offenſe de ſes maux, & de ceux d'autruy, des publics & des particuliers : les bonnes fortunes mesmes, qui luy arriuent, luy desplaisent, tout s'aigrit en son esprit, cõme les viãdes font en vn estomac desbauché. Mais outre tout cela, ie dy que la tristesse venant pour le subiect, pour lequel elle vous arriue, est fort iniuste, & i'oserois quasi dire, impie. Car qu'est-elle autre chose qu'vne plainte temeraire & outrageuse contre la nature, & la loy commune du monde ? La premiere voix que pronõce la nature, c'est que toutes choses qui sont sous le ciel de la Lune, sont perissables : & que cõme elles ont eu commencemẽt, aussi auront elles fin. Vous en voulez comme par priuilege exépter vostre ville, & la rendre immortelle. Les villes, les estats, les royaumes sont de la mesme condition que

DE LA CONST. ET

les autres parties du monde: voire l'estre en est plus incertain & plus infirme. Car la plus-part des autres ont leur forme, qui vnit leurs mêbres auec vn seul nœud si fort & si estroit, que difficilement les peut-on separer. Mais les villes & les estats sont composez d'infinies choses toutes differentes, qui ne sont alliees & assemblees que par les volõtez des hommes, poussees à vne communion & societé par quelque celeste inclinatiõ. Et ces volontez-la estant aisees à esbranler, la ruine des villes est tousiours prompte & quasi presente. Car de ces mouuements-la viennent les guerres, & les seditions, qui les cõduisent à leur fin. Mais quãd il ne leur arriueroit aucunes maladies, c'est à dire, inconuenients de violence, dont ils perissent le plus souuent, si faudroit-il qu'elles definassent de vieillesse, par la loy commune du monde : pour ce qu'elles ont leur ieunesse, leur virilité, leur vieillesse, comme les hommes : & bien que toutes leurs autres aages eussent esté fermes & sains, si faudroit-il en fin que la vieillesse les consommast. Or si nous auõs preueu cela, pourquoy nous en tourmentons-nous ? Si nous ne l'auons point preueu, dequoy nous plaignons-nous, sinon de nostre imprudence ? La condition de la nature est bien dure & bien miserable, si de toutes les choses que nous ignorons il faut quand elles arriuẽt, qu'elle en endure le reproche & les iniures. Tient-il à elle que nous ne le sçachiõs ? nous l'a-elle celé ? y a-il coin au monde, où elle ne l'ait escrit ?

C'est vn grand cas que nous sommes plus iustes à l'endroit de tous les autres, que de la nature, qui nous est neatmoins plus gracieuse & plus fauorable que tous les autres. Si nous tenions vne maison à louage, & qu'il print fantasie au proprietaire de l'abatre, pource qu'elle fust vieille, & qu'il la fallust rebastir, ou qu'il la vouluft appliquer à son vsage, nous vuideriõs de gré à gré, & en chercheriõs vne autre sans nous tourmenter ni quereller. Pourquoy? c'est la loy commune, qui luy permet d'vser ainsi de ce qui est sien. Sçauez vous qui sont ceux qui se chagrinent quãd il faut desloger, qui se plaignent & se tourmentẽt? ce sont les enfans de ceux qui ont des baux à longues annees. Car pource qu'ils en ont tousiours veu iouir

iouir leurs peres, & qu'ils ne se sont iamais mis en peine de regarder les tiltres de leur maison, ils ont fait estat que le fonds leur en appartenoit, & se sont nourris en ceste opinion : ils ont passé leur ieunesse sans apprendre mestier, sans s'accoustumer au trauail : cōme ils sont deuenus grans le bail est expiré, il se faut pouruoir ailleurs : ce coup non preueu les estōne, ils pleurent, ils se lamentent, & au lieu de remercier le proprietaire de ce qu'il les a long temps laissé iouir à si grand marché, ils mesdisent de luy. Mais nous sommes encores bien plus imprudēs & plus iniustes enuers la nature, que ceux-la ne sont enuers leurs seigneurs. Car ceux-la ont peut estre leur bail à tiltre onereux, ils ont possible financé au commen-

e

cement pour y entrer : nous ne sommes icy que precairemẽt, tout ce que nous auons, nous le tenõs en bien faict & à temps. A ceux-la encor on a attendu à les aduertir iusques à ce que le bail fust expiré : à nous la nature denonce tous les iours la conditiõ, sous laquelle nous sommes icy. Ie vous prie dites moy, quand nous venõs au mõde, y entrõs nous, ou si nous y sommes introduits ? y venons nous pour y commander ou pour y seruir, pour y donner la loy ou pour la receuoir? Ie croy que sans mot dire, vous me respondez que nous y venons pour obeyr, & suiure ce que nous y trouuons desia establi. Il faut que nous nous accõmodions aux saisons, aux iours, aux nuicts, à la temperature des regions, bref à tout ce qui arriue au gouuernement du monde. Or ceste loy-la est douce, benigne, gracieuse: tout y est, si nous le sçauons bié considerer, en nostre faueur. Et neātmoins s'il s'y trouuoit quelque chose de dur, le vray moyen d'adoucir la seruitude necessaire, c'est d'obeir volontairement. Ne deuons-nous pas estimer que quand nous entrons au monde, nous contractons auec la nature, & nous obligeons de garder les loix qu'elle a donné & publié depuis tant de siecles, aux villes, aux republiques, aux royaumes? Comme elle est sage, prouidente & desireuse de conseruer la beauté de son ouurage, elle a dōné à chasque chose la plus longue duree, qu'elle a peu: mais le vice & imperfectiō de la matiere, dont les choses sont creées, a faict

e ij

premierement que des terrestres, il n'y en peut auoir aucune immortelle : & que des mortelles mesmes beaucoup ne durent pas tant que leur nature desire, le vice de la matiere preuenant la grace de la nature. Le remede qu'elle a recherché à cet inconuenient, c'est vne duree par successiō qu'elle a donné aux choses, faisant qu'en perdant vne forme elles en recoiuent vne autre, & que rien ne deperit du tout, mais seulemēt se transmue : la terre demeurant cōme de l'argile entre ses mains, tousiours molle, laquelle elle repetrist & remoulle diuersement, luy donnant vne nouuelle face, par vne fraische figure couurant la vieille: & par ce moyen imitant çà bas l'immortalité qu'elle n'y a peu entierement apporter. De là vient que les villes, les royaumes, les empires se changent ainsi, & naissent de la ruine les vns des autres : le ieu changeant tousiours, & ne demeurāt rien ferme ne stable que le theatre. Qui a-il plus equitable, puis qu'elle est mere commune de tous les hommes, qu'elle ait voulu gratifier toutes les parties de la terre par vn tour de grādeur & magnificēce, qu'elle fait passer de lieu en lieu ? Ce tour en fin est venu iusques à nous : & auons veu en nos iours nostre païs si comblé de biens, de richesse, de gloire, de delices, qu'il ne se pouuoit dire plus. Nous sommes maintenāt sur le retour, nostre bōne fortune est sortie de chez nous, comme d'vne maison creuacee de tous costez, nous sommes demeurez attendans la cheute : les vns crient, les autres regardent, les autres s'enfuyent, qui a-il tant à s'estonner ? vn vieil homme meurt, vne vieille maison tombe, que faut-il tant crier? Qui a-il en cela que ce que vous voyez tous les iours & par tout? Les fruicts fleurissent, se nouent, se nourrissent, se meurissent, se pourrissent : les herbes poindent, s'estendent, se fanent : les arbres croissent, s'entretiennent, se seichent : les animaux naissent, viuent, meurent : le temps mesmes qui enuelope tout le monde, est enuelopé par sa ruine, & se perd en se coulant : il roule doucemét les saisons les vnes sur les autres, & toutes celles qui se passent se perdent. De toutes ces choses muables, que voulez vous faire de constant ? de toutes ces choses mortelles, que voulez-vous faire d'immortel ? Me voulez-vous bié eſtōner, faites moy voir quelque choſe de permanēt icy-bas. Mais ie vous fay tort de vous entretenir de raiſons ſi groſſieres, vous autres, dōt le laborieux eſtude eſt comme le miroir de la nature, & qui vous pouuez repreſenter en vn inſtant, & tirer du threſor de voſtre memoire la face du monde, telle qu'elle a eſté depuis ſa creation. Repaſſez, ie vous prie, pardeſſus, & conſiderez que ſont deuenues toutes ces grandes & admirables villes, baſties auec tāt d'annees, embellies auec tant de trauaux, enrichies auec tant de ſueurs. Elles ont eu chacun pluſieurs ſiecles entiers, qui n'ont eſté employez qu'a deſpouiller le reſte du monde, pour les reueſtir &

e iiij

parer. L'Asie vous represéte Troie la grande, la superbe Babylon, la magnifique Hierusalem : l'Afrique vous mõstre les Thebes aux cent portes, la puissante Carthage, l'opulente Alexandrie : l'Europe vous produit les doctes Athenes, le triomphant Constantinople, & Rome, le miracle & de toutes les villes, & de tout le mõde. Pourquoy direz-vous que toutes ces belles citez-la ayent iamais esté si florissantes sinõ pour estre ruinees ? Et pourquoy mesmes ruinees tant de fois, sinon pource que leur destin sembloit resister à la nature, & vouloir flechir la mortalité des choses humaines ? Combien de fois chacune d'elles a elle veu ses ennemis renuerser ses murs, saccager ses maisons, tuer ses citoyés, & bruler ſes temples. La neceſſité de perir leur a eſté ſi grande, que quand elles n'ont point trouué d'ennemis eſtrangers pour trauailler à leur ruine, elles ont armé leurs propres habitans les vns contre les autres, pour executer ce qui eſtoit ordonné de leur fin. Il n'y a remede, la loy y eſt, il en faut paſſer par là. Quand nous voyons, ou oyons la ruine des autres, voila vn preiugé pour nous lors que noſtre terme ſera eſcheu. Ce qui arriue à vn, peut arriuer à vn chacun : le coup du premier menace celuy qui le ſuit. Scipion, celuy qui ruina Carthage, voyant le feu dedãs, qui deuoroit tãt & tant de richeſſes & de ſuperbes edifices, qui cõſommoit la plus puiſſante ville d'Afrique, touché de compaſſion de la fragilité des choſes humaines, se prist à pleurer le mal qu'il faisoit : & prononça deux vers d'Homere, qui signifioient,

Vn iour fatal viendra que la puissante Troie,

Priam & ses suiects seront tous mis en proie:

entendant de la ville de Rome ce que le poëte auoit dit de Troye. Mais il se trompa fort à deuiner. Car combien de iours & non pas vn seulement a elle esté mise en proye? combien de fois saccagee? combien de fois ruinee? combien de fois bruslee? & neantmoins elle s'est releuee du milieu de ses cédres, & obstinee contre son malheur semble auoir lassé sa mauuaise fortune de trauailler d'auātage à sa ruine. Toutefois la loy cōmune nous apprend qu'il faut qu'elle passe encore comme les autres : & quand elle eschaperoit quelques siecles, elle n'eschapera pas au moins la fin des siecles, & l'embrasement de l'vniuers. Platon s'estoit bien alambiqué le cerueau, pour trouuer des moyens de fonder tellement sa republique, qu'elle fust permanente & perdurable. Et neantmoins apres que lon luy a passé pour verité tous ses songes, & que lon l'a interrogé si au bout de là ceste belle republique pourroit estre rendue immortelle, il a ingenûment confessé que non: luy, dy-ie, qui affermoit le monde estre immortel. Mais desirant gratifier son ouurage & flater ses pensees, il introduit les Muses qui viennent discourir de la duree des estats, & proposent certaines proportions de nombres, gardant lesquelles ils se pourroient conseruer longuement florissans: & cõfessent toutefois rondement, que comme tous estats ont leur naissance & commencement, aussi faut il qu'ils ayent leur fin. C'est la loy commune de la nature, sous laquelle il faut flechir, & suiure volontairement, de peur qu'elle ne nous entraine violemment: l'obeissance en est douce, la violence pleine de peine & de honte. Cependant i'enten biẽ ce que vous me voulez dire, c'est qu'il vous semble que nous hastons nous mesmes nostre ruine, & que nous auançons de nos mains la fin de ce pauure royaume, sans attendre que la vieillesse l'emporte, & que doucement & sans se debatre il passe comme de la vie à la mort. Vous vous trompés, ces animaux-la ne meurent point autremēt, ils n'ont iamais la fin douce. Car comme ceux qui meurent de maladies, dōt le siege est és nerfs, ou au cerueau, ont de grandes conuulsions auant que d'expirer: aussi ont les republiques, qui perissent ordinairement de ce que leurs loix, qui sont comme leurs nerfs, sont offensees & violees. Or s'il est ainsi, comme lon dit ordinairemēt, que les coups preueus, n'apportent pas tant d'estonnement, nous auons, ce me semble, grande occasion de porter plus patiémēt & auec plus de resolution la cheute de nostre estat: veu le long temps qu'il y a qu'il brâle, & les grands indices & marques apparentes que nous auons eu pieça de sa ruine. Premierement il est fort vieil, & si vieil que iamais il ne s'en est veu qui ait duré si grand âge. Vieillir c'est s'accoustumer à mourir. On demande ordinairement de ceux qui sont extrememement vieux, s'ils viuent encore : il y a plus à s'estonner de leur vie, que de leur mort : quand ils sont morts on dit, A la fin il s'en est allé: cõme si on vouloit dire, il a plus duré qu'on n'eust pensé. Outre son âge, il a eu depuis deux cens ans de grandes & fascheuses maladies. Les querelles d'Orleãs & de Bourgongne l'ont mené iusques sur le bord de la fosse. Estant reuenu de ceste grãde cheute, & ayant repris son enbon-point, il a vescu fort dissolument sous François & Henry second : en ceste vie desbordee & dissolue a amassé beaucoup de mauuaises humeurs, & encores plus mauuaises mœurs. Sous la ieunesse de nos derniers Rois il est vrayement reuenu en enfance, & a entierement changé de complexion. Car depuis que les mœurs des estrangers ont commencé à nous plaire, les nostres se sont tellement peruerties & corrompues, que nous pouuõs dire, long temps y a que nous ne sommes plus François. Il n'y a partie en cest estat que lon n'aye nõ seulement gasté, mais mesmes diffamé d'excés. Car pour le regard de nostre noblesse, qui est la principale colõne de ce Royaume, celle qui l'a eleué en la grandeur où nous l'auõs veu, & tousiours soustenu, & à laquelle est vrayment deüe lagloire que le nõ Fraçois a parmi les nations lointaines, lon n'a obmis aucun artifice pour la denaturer & decourager, noyer dãs le luxe, la volupté & l'auarice ceste ancienne generosité qu'elle auoit hereditaire de ses peres : & luy faire perdre l'amour & charité qu'elle deuoit auoir à la grandeur & conseruation de l'estat. Quant à l'Eglise, qui deuoit estre la mere de la pieté, l'exẽplaire des bonnes mœurs, le lien de tous les autres ordres, lon l'a des-honoree & diffamee tant qu'on a peu, rendant les plus grandes charges & prelatures la recõpense des plus viles, voire sales ministeres de la Cour. Tellemẽt que l'impieté & l'ignorance se sont en beaucoup d'endroits assises au throne de la sainēteté & verité, & rendu l'ordre odieux par le vice de ceux qui y estoient preposez. La iustice, qui estoit celle seule qui pouuoit encore aucunement retenir les autres parties en office, si elle euſt eſté ſaine & entiere comme elle deuoit, a eu toute la face chãgee: ſa principale authorité a eſté retiree pardeuers le ſouuerain, pour eſtre non pas adminiſtree, mais peruertie par courtiſans au gré de ceux qui auoiẽt la faueur. Et pour couronner tant de deſordres, & combler tout a fait noſtre malheur, ſont ſuruenues les querelles de la religion, ſur le ſuiect deſquelles ſe ſont dreſſees partis & factions par quiconques a voulu, qui ont eſté aiſément entretenus par la facilité & legereté de noſtre peuple, & par les artifices de nos voiſins, qui cherchoiẽt à ſe mettre à couuert deſſous nos ruines. De ces eſtincelles s'eſt allumé ce feu qui nous a quasi deuoré, auquel chacun est accouru non pas pour l'esteindre, mais pour en emporter sa piece, comme d'vn commun embrasement. Se faudra-il estonner si vn vieil estat meurt de telles maladies? bien plustost se faudroit-il esbahir, s'il en pouuoit releuer. Adioustez à cela les anciennes predictions, qui auoient esté faites long temps y a, de sa desolatiõ: qui se sont trouuees si veritables à nostre grand mal-heur, qu'elles en ont acquis gloire à l'art, & foy à gens que lon auoit tousiours tenus pour pipeurs. Ce qui nous monstre bien que les reuolutions des grands estats, sont ordonnees d'enhaut, & signifiees mesmes auparauant qu'elles aduiennent. Ie dy donques, que quand ce que vous craigniez arriueroit, ce seroit chose ordinaire, naturelle, & preueüe : & que partant il la faudroit supporter patiemmēt, comme nous faisons les vicissitudes des saisons, alterations des elemens, & autres changemens que nous voyōs tous les iours en toutes les parties du monde. Et ne dy pas pourtant que ce soit chose qui doiue asseurément ariuer, & ne desespere point encores du salut de ma pauure France, ny de mon pauure Paris : ains me promets que si la fin & la ruine en est ineuitable, Dieu differera à quelque autre saison l'execution de ce qui en peut estre ordonné. Car encores que les signes de ceste maladie non seulement contagieuse, mais aussi pestiléte, qui a saisi cest estat, soient pour la plus part mortels: si semble-il maintenāt que la nature commence à s'aider, & que les parties nobles monstrent encores de la force & vigueur pour supporter les remedes. Les peuples qui se sont laissez esbranler à ce ruineux mouuement par les vents de la crainte & de l'esperance, crainte de perdre leur religiō, & esperance de quelque soulagement, voyent clairement que par leurs forcenez conseils ils ont attiré le mal qu'ils fuyoient, & esloigné le bien qu'ils esperoient. Laissons meurir l'humeur, & vous verrez que la nature operera de soymesmes, & produira de salutaires effets. Puis apres les chefs des peuples commencét à perdre l'esperance qui les animoit à ce dessein. Ce rayon de faueur populaire, qui les a esueillez, est passé cōme vn esclair, & la fortune leur a monstré qu'elle ne les fauorisoit point tāt pour leur bien, que pour nostre peine. Ils voyent dauantage, & le voyent euidemment, que les estrāgers, desquels ils ont pensé estayer leur grandeur, ne desirent rien tant que leur ruine, & n'empruntēt leurs bras que pour les vser à faire leur besōgne: n'ayās deliberé de leur faire autre grace que celle que le Cyclope d'Homere promettoit à Vlysse, qui est de le manger le dernier. Estimons-nous qu'ils soient si inconsiderez à leur propre bien, si denaturez à leur propre pays, si ingrats aux peuples qui les ont tant aimez, que voyans les choses en cest estat, ils ne choisissēt plustost d'obliger la France en luy rendāt la paix & le repos, & retenans les grades d'honneur grans & signalez, comme ils les peuuent auoir, que rendre leur nom & leur memoire odieuſe à iamais, en ſe precipitans en l'honteuſe ſeruitude d'vn ambicieux Eſpagnol, pour y faire trebucher auec ſoy, ceux qui ont depoſé en leur foy leur ſalut & leur vie? Non, ie ne croiray iamais qu'ils vueillent fletrir leur renommee d'vn acte ſi indigne: & pource veux-ie eſperer qu'ils ſ'accommoderont aux vœus des peuples, qui les inuitent au repos. Que ſ'ils le font, que ne deuons nous eſperer? & quand ils ne le feront, dequoy deuons-nous deſeſperer? Puis que Dieu a fait naiſtre en nos iours, & ſur le temps de ce fatal mouuement, vn Prince pour ſucceder à ceſte couronne, ſeul capable au monde pour releuer, ou par la paix, ou par la guerre, le faix de cest estat penchant. Pour la paix, il a le nom de ceste grande & Royale famille de sainct Loys, qui rappelle à son obeissance tous les subiets de ce Royaume, qui ne peuuēt esperer d'estre gouuernez par plus heureux auspices, que de la race de ce grand Roy, qui a eleué iusques au ciel nostre sceptre François, & s'est eleué soymesmes là haut par sa picté, pour estre comme le garde & sainct tutelaire de cet estat. Il a vne bonté & clemence naturelle si grande, qu'elle passe iusques à l'excez : & le feroit soupçonner de nonchalance, si sa vaillance & generosité, qui reluisent en toutes les parties de sa vie, n'esfaçoyent ce soupçon. Car bien que sa fortune plus trauersee que de Prince de son temps, l'ait faict naistre entre les armes ciuiles, & parmy les iniures, on ne sçauroit remarquer vn seul exemple de vengence, non pas qu'il ait faicte, mais seulement recherchee : estimant se venger assez de ses ennemis en les mesprisant, & leur ostãt le moyen de mal-faire : de sorte qu'il a rendu douteux si c'est plus d'heur à luy de vaincre ses ennemis, qu'à eux d'estre vaincus par luy. Que si auec cela Dieu, qui tiẽt les cœurs des rois en sa main, dispose le sien à ce qui est encores necessaire à la parfaite vnion de ses suiects : & pour ce faire le reduise à la creance de l'Eglise catholique & religion des Rois ses predecesseurs, qui est-ce qui pourra empescher nostre heur & nostre repos ? Or auons nous toute occasion d'esperer ce bien-la, à ce que

que l'on rapporte du naturel de ce Prince, qui est fort capable de raison, & persuasible à ce qu'on luy fait cognoistre se deuoir faire. Nous sçauõs ce qu'il en a promis à toute sa noblesse : il a tousiours esté recommãdé pour estre Prince de foy, & qui ne manque iamais à sa parole : ie m'asseure que nous aurons en fin de luy pour ce regard ce que nous en deuons desirer : & qu'il fera par ce moyen tomber les armes des mains de ceux qui disent ne les auoir prises que pour ce suiect. Si toutefois l'obstination de ceux qui cherchẽt leur grandeur dãs les ruines publiques, le contrainct d'essayer par le trenchant de l'espee ce que le trenchant de la raison deuroit faire, quel autre pouuoit succeder à cest estat plus capable de restablir le royaume, & couurir de l'ombre de son pauois ceste pauure couronne assaillie de tous costez? Dieu luy a donné vn cœur plein de vaillance, vn courage inuincible aux aduersitez : & de peur que ce courage se relachast par le repos, il l'a exercé dés son enfance iusques à present par des labeurs & dangers continuels, auec tel heur neantmoins que tant de hazardeuses secousses ne luy ont esté qu'vne escole de vertu, & vne moisson de gloire. Et semble certainemét à voir le progrez de sa fortune, qu'elle luy ait excité exprez ceste guerre:& y ait appellé tant de sortes de nations, pour y voir le spectacle d'vn extreme valeur, & d'vn extreme bõheur. Non non, croyez que vous n'auez oncques remarqué en la suite des temps, & cours des siecles, que les estats soient renuersez lors que Dieu a enuoyé de tels Princes pour les cõmander : bien ont-ils esté rudement secouez & esbranlez, mais puis apres rafermis par la vigueur de tels chefs. De sorte que ie presume, que l'alteration & le mouuement que nous sentons, n'est point de l'extirpation de l'estat: mais seulemẽt vne incision qui se fait auec vn douloureux & rude ferrement, pour au lieu d'vne branche que Dieu a retranchee, anter la plus prochaine sur la tige royale. Et pource, espere-ie, que Dieu trouuera lors que nous l'attendrons le moins, quelque moyen propre de nous sauuer tous : & principalement ceste tant belle & auguste ville, en laquelle il y a encores

f ij

bon nombre d'hommēs, qui l'inuoquent en pureté de cœur. Si toutefois il aduenoit autrement, si faudroit-il prendre patiéce. Car ces grands accidens-la arriuans par la prouidéce eternelle, il n'est non plus loisible que possible de s'y opposer: & dy bien dauantage qu'il n'est ny iuste ny vtile de s'en fascher: estant tres-certain, que tout ce qui est ordonné de ceste main souueraine, tend à nostre bien & à sa gloire. Mais pource que l'heure de souper est sonnee, & que ce discours peut estre mieux poursuiui par ceux qui m'escoutent que par moy, ie le leur laisseray sans l'entamer: estāt raisonnable que puisque nostre misere est commune, ils contribuent quelque chose à nostre cō-mune consolation. Là finit Mufee,& nous nous leuafmes tous auec l'efprit plus tranquille que nous ne nous eftiõs affis. Ce n'eft pas tout, dy-ie lors, ô Mufee: puifque vous vous defchargés de continuer le difcours que vous auez commencé, il faut que vous choififfiez quelqu'vn qui le face. Luy baifant vn bouquet fané qu'il tenoit en fa main, le prefenta à Orphee: Ie vous le baille (luy dit-il) pour demain. I'accepte, refpondit Orphee, le bouquet, mais non pas la charge de me prefenter (comme dit le prouerbe Romain) au theatre apres Rofcius. Et là deffus nous nous feparafmes, ayans promis de nous retrouuer là à la mefme heure le lendemain.

FIN DV I. LIV.

DE LA CONSTAN-
CE ET CONSOLA-
tion és calamitez
publiques,

LIVRE II.

E lendemain incontinent apres disner il se donna vne allarme à la ville: pource que nous estiõs tous quatre d'vn mesme quartier, nous nous trouuasmes ensemble au corps de garde : là nous nous entreregardions auec mesmes pensees, parlãs des yeux & du visage, & disans en nous mesmes, Quelle pitié qu'il faut que nous nous trouuions icy armez contre noſtre propre bien, & pour empeſcher, par maniere de dire, noſtre bône fortune d'entrer chez nous! Car qui eſt l'homme de bien qui ne doiue deſirer, voire par le pillage de toute la ville, pluſtoſt ſortir de ceſte extreme miſere, & en deliurer le royaume, que d'immoler ainſi nos vies à la rage & mechanceté d'vn petit nombre de ſeditieux, qui aſſouuiſſent leur cruauté & auarice de noſtre langueur & pauureté. Quelle fatale laſcheté, que tout ce peuple, ou au moins la pluſpart, que nous voyôs icy armé, cognoiſſe ſon mal & en deſire le remede, & le puiſſe auoir ſ'il vouloit: n'aye neantmoins le courage ſeulemét de ſe plaindre, & ſupporter ceux qui luy monſtrent le chemin de ſalut? Tant ce

f iiij

venin de sedition a desuni les volōtés, & la crainte que les mauuais ont imprimé aux cœurs des simples, leur a gelé le sang & assoupi les esprits! Or nous estans accostez, Et bien (dy-ie) Orphee, nostre assignation est bien changee, à ce que ie voy : nous sommes taillez de n'auoir pas ceste apresdinee si douce que celle d'hier. Si ne vous sera-ce pas excuse de ce que vous nous deuez, au contraire la debte croistra par la demeure: car comme vous voyez que nos maux croissent, aussi faut-il que vous augmentiez vos raisons. I'ay bien peur (dit-il) que ceste iournee ne nous escarte, & nous priue, peut estre, pour iamais d'vne si douce & agreable compagnie. Ie vous asseure que si la mort m'eust pris partant hier d'auec vous, elle m'eust trouué fort contét, & eust clos ma vie fort à propos à mon gré. Car ie côfesse que le discours de Musee adoucist tellement ma tristesse, & calma en sorte mon esprit par le poix de ses raisons, & par le miel de ses paroles, que ie desirerois d'estre tous les iours ennuyé, si i'estois asseuré d'estre tous les iours ainsi consolé. Le mal est heureux, quand il se guarist auec plaisir. O que i'eusse souhaité qu'il eust poursuiuy le propos qu'il auoit entamé, voire à la charge de perdre le souper, voire à la charge de ne souper de l'annee! Ces discours-la ne sont que tout nectar & ambrosie : c'est vne viande qui est auiourd'huy plus necessaire à l'esprit, que le pain & le vin ne sont au corps : c'est nourriture & medecine tout ensemble. Ie vous iure qu'en l'oyant il me sembloit, que ceste belle Helene d'Homere auec la mesme main, dont elle deroba le cœur des Grecs & des Troiens, me versoit en la bouche ce doux & gracieux Nepenthes, qui endormoit la douleur des affligez, & leur remettoit le courage. Il a (dy-ie) mis les gaiges en bonne main, i'espere que ce qu'il a bien commencé vous l'acheuerez tresbien. Là dessus on nous vint dire que la rumeur estoit passee, & que nous nous pouuiõs retirer. Lors ie les pris tous trois par le mâteau, Il faut venir (dy-ie) où vous promistes hier : à nous autres qui sommes armez il est permis de nous faire droit à nous mesmes. Si la loy Romaine permet de trainer en iugement celuy qui n'y veut pas aller, combien pluftoft le droit des armes? Nous n'y allons pas (dit Linus) nous y courons. Apres que nous fufmes entrez & defarmez, & que nous eufmes faict vn tour de iardin pour reprédre vn peu nos efprits, Ie vous prie(leur dy-ie)reprenons nos places & faifons prouifion de repos : car à mon aduis nous auròs prou de loifir d'eftre debout. Et puis que c'eft à vous, feigneur Orphee, à continuer le difcours, ne vous faites point prier, & n'vfez point d'excufes:car en vn mot nous ne les receurons pas. Apres quelques femblables femonces Orphee commença ainfi.

C'eft de verité la plus grande & plus certaine confolation, que puiffent prendre & receuoir les hommes és calamitez publiques ou particulieres,que de fe perfua-
f vj

der que tout ce qui leur arriue est ordonné par ceste puissance eternelle, distribué par ceste sagesse infinie, qui gouuerne le monde auec la mesme bonté & iustice qu'elle l'a creé. Car quand ceste opinion a vne fois pris racine en l'esprit des hommes, ie ne sçay pas quels vents pourront iamais esbranler leur constance: veu que nous deuons croire qu'il ne sort rien de ceste benigne & gracieuse main, qui ne tende à nostre bien. Mais combien que ceste prouidence (que l'on peut definir le soin perpetuel, que Dieu a au gouuernement de tout ce qu'il a creé) esclaire iournellement en toutes les parties du monde, & qu'elle paroisse en effects admirables: si est-ce que la pluspart des hommes luy ferment malicieusement les yeux, ou la regardent de trauers, & prennent peine à se tromper soymesmes, à fin de n'estre point obligez à ceste sage maistresse, qui preside à la naissance & conseruation de tout ce qui se void en l'vniuers. A la verité peu s'en est il trouué, qui ayent osé passer si auant en impieté, que de la nier du tout : & s'il s'en est trouué, ie ne veux point sçauoir leur nom, & veux presupposer qu'ils n'ayent point esté, puis qu'ils en sont si indignes. Bien y en a il grand nombre, desquels i'ay souuent ouy, & tousiours reietté les opiniõs, qui aduouans la puissance & sagesse diuine en la premiere creation du monde, luy en ont osté le gouuernement, apres qu'il a esté creé : les vns l'attribuans à cet ordre, qu'ils appellent nature, les autres à vne necessité fatale, les autres au hazard & à la fortune. Enquoy ils semblent auoir plustost changé le nom, que la puissance de la prouidence. Car en expliquant leur opinion, ils monstrent biē qu'en tous les euenemens de ce monde ils recognoissent quelque chose de grād & diuin, dont ils ne sçauent pas parfaictement la nature: & neantmoins par ie ne sçay quelle ialousie & presomption, ils veulēt que ce peu qu'ils en sçauēt, passe pour vne pleine & entiere science, & la partie pour le tout : aimans mieux mescognoistre la prouidēce, que recognoistre leur ignorance. Il est, à mon aduis, arriué à ces gens-la ce qui aduiendroit à trois diuerses personnes, qui venās par trois diuers chemins, verroient de loing vne grande pyramide de marbre, telle que vous pourriez imaginer celle des rois d'Egypte, grauee de trois coſtez de pluſieurs caracteres & lettres hieroglyphiques. Chacun d'eux remarqueroit du commencemẽt la face qui ſeroit de ſon coſté, & ſ'il n'approchoit plus pres il iugeroit qu'il n'y auroit que celle-la, & ſ'en retourneroit en opinion d'auoir tout veu : & ainſi raporteroiẽt tous diuers aduis d'vne meſme choſe, & aſſeureroient qu'elle eſt telle qu'eſtoit le coſté d'où chacun d'eux l'auroit veue. Mais ſ'ils en approchoiẽt de plus pres, & qu'ils vinſent à tourner à l'entour, lors chacũ d'eux verroit toutes les trois faces, cognoiſtroit que toutes trois elles ne font qu'vn corps, ſeroient bien informez de l'estat de la chose, & en demeureroient entr'eux d'accord. Quand ces gens cy sont venus à contépler ceste puissance souueraine, qui conduit & gouuerne l'vniuers, & qu'ils l'ont côsideree en ses effets, chacun d'eux s'est contenté de la regarder de loing, & en conceuoir ce que la premiere veüe luy en a representé. Celuy qui auoit apperceu vn ordre & suite de causes reglees, qui se poussent en estre l'vne l'autre, l'a appelé Nature, & a creu que ceste nature faisoit tout. Celuy qui auoit veu arriuer plusieurs choses, qui auoiét esté & preueues & predictes, que lon n'auoit toutesfois peu euiter, a appelé la puissance qui les produisoit, Destin & fatale necessité: & a iugé que tout dependoit de là. L'autre qui auoit veu vne infinité d'euenemens, dont on ne luy pouuoit rēdre raison, & qui sembloient arriuer sans cause, a nommé la puissance dont tels euenemens procedoient, Fortune : & a estimé que toutes choses se manioient de ceste façō. Que si chacun d'eux eust pris la peine d'approcher de plus pres de la verité, & rapporter en commun ce qu'il auoit veu en particulier, peut estre eussent ils cogneu au vray quelle estoit la figure de ceste premiere & souueraine puissance, de laquelle deriuent toutes les causes & tous les euenemens du monde. Et compris qu'en ceste nature, en ce destin, en ceste fortune tous assemblés, reluit au trauers de l'ignorāce humaine ceste sage & excellente prouidence diuine, cogneue toutefois plus selon la proportion de nostre foible entendement, que selon son incomprehensible grandeur & maiesté. Car ie ne doute point, qu'en la creation de l'vniuers Dieu n'ait estably vne regle & vne loy certaine, selon laquelle toutes choses doiuent estre produites, disposées, & conseruees: laquelle qui voudra appeler nature, ie n'ay que dire pour l'empescher, pourueu qu'il n'en face point vne essence à part hors de Dieu, à laquelle il pense qu'il ait commis le gouuernement des choses creées pour se mettre en repos. Au contraire, ceste nature ne peut estre autre chose, que ceste premiere puissance & vertu, qui dés le cōmencement sans sortir de luy, est decoulee en la matiere, & luy a donné ce mouuement reglé, par lequel les choses se conseruent en leur estre, & outre produisent leurs effects. Laquelle puissance est par luy de iour en iour, & d'heure en heure, de moment en moment inspiree au monde : lequel elle recree & reforme en le conseruant, & le refait tous les iours par parties tel qu'elle l'a fait au commencement. Tellement qu'il semble que Dieu ne l'ait basty, que comme son officine & boutique pour y ouurer perpetuellement, & y tenir tousiours en action ceste sienne bonté infinie, qui ne peut durer sans se communiquer. Bien est-il vray que comme vn grand architecte il a beaucoup d'ouuriers sous soy, qu'il employe à ce grand maniment non tant par necessité qu'il en ait, que pour la decoration de ce superbe attelier, demõstration de sa splendeur & magnificence, pour faire participer ses creatures à vne de ses plus augustes & souueraines puissances, & les faire produire & quasi creer quelque chose, aussi bien que luy. Et pour ce par vne admirable sagesse il a laissé vne partie des choses basses & terrestres aucunement imparfaictes, cõme pour seruir à l'homme de matiere & de suiet à plusieurs beaux ouurages : & luy a quant-&-quant donné l'art de les pouuoir adapter & accommoder. Il luy a donné les pierres, & ne luy a pas donné les bastimens, mais bien l'art de les faire : il luy a donné les mines, & ne luy a pas donné la monnoye, mais bien l'art de la faire : il luy a donné le bled, & il ne luy a pas donné le pain, mais bien l'art de le faire: il luy a donné les laines, & ne luy a pas donné les draps, mais bien l'art de les faire. Bref il semble qu'apres auoir creé l'homme à son image, qu'il ait partagé auec luy l'honneur de la creation des choses, voire mesmes de la creation de l'homme, ayant voulu qu'il cooperast à la generation de sa posterité. Et que comme luy souuerain & premier createur auoit fait l'ame à son image: ainsi l'homme comme associé à sa gloire, feist en la generation vn autre corps semblable au sien. Et combié mesmes que Dieu se soit reserué la creation de l'ame humaine, comme d'vn grand chef-d'œuure, qui ne peut estre elabouré que de sa propre main: si est-ce qu'en cela il a aussi appelé l'homme comme à son aide, luy en ayant reserué l'institution, la discipline & polissure, pour se pouuoir comme vanter d'auoir contribué quelque chose à sa propre perfection. Mais il ne faut dire ny penser pour cela, que l'authorité qu'il a donné aux choses creées, diminue en rien la sienne. Il ne s'endort pas sur leur soing, & ne se repose pas sur leur vigilance: au contraire plus il leur a donné de puissance, plus a il besoing de les veiller : & plus il a d'ouuriers en besongne, plus est il necessaire qu'il ait nō seulement l'œil, mais aussi la main sur eux, pour reformer ce qu'ils font au contraire du parfaict patron, qu'il leur a proposé, & pour les guider & addresser en leurs œuures, lesquelles sans sa conduitte & assistance ne peuuent en façon quelconque se conseruer ny maintenir. Ie veux donc dire que quelque grande vertu que nous voyōs és choses creées, quelques grands & reglez mouuemens que nous recognoissions és causes secōdes, nous ne deuons pas estimer pour cela que la premiere soit oisiue, & que les autres facent rien que par son ordonnance. Et moins encore croire que cet ordre & entresuitte que nous voyons en toutes choses, soit la cause principale & vniuerselle d'icelles, veu qu'elle n'en est que l'effect. Non plus qu'en la musique l'harmonie n'est pas la cause, mais l'effect des accords, produict par l'operation de l'art, & science du Musicien, qui assemble les tons & les dispose en bonne consonance. Or comme

ceste puissance ordinaire qu'ils nomment nature, & qui se considere principalemẽt en la naissance, production & cõseruation de chaque chose particuliere consideree à part soy, est vn effect de la prouidence : aussi est bien ceste autre puissance qui rassemble ces choses particulieres, & noüant & ramassant plusieurs causes differentes tire de la liaison & tissure d'icelles, des effects quelquefois outre, quelquefois contre la loy mesmes de la nature, & ce par la force d'vne autre loy qu'elle semble auoir prescript à tout les euenemens du monde, ayant disposé du temps & de la façon, dont ils doiuent aduenir nous l'appellons vulgairement Destin. Certainement ceste loy n'eust point esté necessaire, si toutes les choses
creées

creées eussent suiuy le premier mouuement que Dieu leur auoit donné. Car ayant acheminé tout à bien, ce premier ordre, & ceste nature eussent peu cõduire toutes les causes à de bons effets, & tels qu'ils estoient necessaires pour leur conseruation, & pour la gloire du premier pere & createur. Ayant dés le commencemẽt preueu ce qui deuoit estre de meilleur pour toutes choses en tous les siecles, qui doute que selon ceste preuoyance il n'eust estably cest ordre naturel, pour faire couler & rouller toutes choses auec la plus belle entresuite qu'il estoit possible. Mais comme és grans bastimens il aduient ordinairement, que ce dont il arriue plustost faute, sera d'vn entablemẽt richemẽt ouuré, ou de quel-

g

que escalier suspendu par grand artifice: pource que la matiere ne peut pas porter tant de façon, & que plus l'art rend l'œuure excellent, plus le rend il delicat: Aussi les anges & les hommes, les plus parfaites pieces de l'vniuers, ont esté les premiers qui se sont demétis, peruerty ce premier ordre, & violé ceste premiere loy. C'est pourquoy il a fallu que cet œil tout-voyant, qui passe au trauers des siecles, comme le Soleil au trauers de l'air, ayant dés le commencement preueu ceste confusion, ait aussi dés lors disposé le remede, pour arrester l'insolence & des anges & des hommes, & empescher qu'ils n'estendissent leurs mauuaises actions aussi loin, que leurs mauuaises volontez. Ce remede a esté ceste loy inuiolable, par laquelle il a pourueu à tous les euenemens, & a ordonné que les choses arriueroient comme nous les voyons aduenir, non du tout selon la puissance ordinaire des causes, mais selon que Dieu les veut faire operer, tantost bandant, tantost laschãt leur force, & quelquesfois les faisant ouurer tout au contraire de leur naturel, & ramenant à sa volonté ce que les hommes pẽsent faire à la leur. Mais me dira quelcun, il semble que ceste derniere loy soit contraire à la premiere: Dieu estant immuable en son essence, le doit estre pareillement en ses desseins. Voulons-nous penser que luy, à qui toutes choses sont cogneuës de toute eternité, prenne de nouueaux aduis? Le changement qui est en cecy n'est pas en Dieu, mais

g ij

il est en ses œuures, lesquelles estant hors de luy, qui est seul immuable, ne pouuoient estre semblables à luy, ains subiettes à empirer & desiner par le vice de la matiere, dont ils sont composez. Et le remede que Dieu a apporté au mal, n'est pas vn nouueau conseil, si bien il est executé depuis la deprauatiõ de la nature, il n'a pas laissé d'estre resolu auparauant mesme sa creation. Car comme l'ouurier qui monte vn horloge pour aller vingt & quatre heures, auant que leuer les contrepoix & luy donner le mouuement, peut preuoir ou que la rouille alentira son cours, ou que quelque estourdy viendra remuer l'eguille, toucher aux rouës, & debaucher le balãcier, & dés lors poutuoir à ce qu'il faudra faire, pour la radiouster & remettre à son poinct: Ainsi Dieu qui a preueu auant mesmes la creation du monde, ce qui deuoit manquer au gouuernement & entretenement d'iceluy, au mesme instant y a destiné les remedes, lesquels encore qu'ils se presentent à nos yeux par succession de temps, & suitte de siecles, ne laissent pas d'auoir esté preparez de toute eternité. Car tout ainsi qu'il faut que le poete ait sa comedie toute preste, auparauant que personne se presente sur le theatre, & que des-lors que le prologue commence, celuy qui doit iouer le dernier acte, sçache bien son roollet: Aussi des choses qui sont aduenues, & qui aduiendront icy bas par tant d'annees, la derniere qui doit clorre l'aage du monde, estoit cogneue & ordonnce par le Createur auant que la premiere commençast d'estre. C'est, ce me semble, ce que vouloit signifier Diarchas en Philostrate, quand il disoit que Dieu auoit engendré le Monde tout à la fois, comme les animaux font leurs petits: nonobstant que comme eux il l'ait enfanté peu à peu, faisant sortir vne partie deuãt, & l'autre apres. Ce n'est pas le temps qui est pere & autheur des choses, il n'en est que le despensier, &, cõme Tatian remõstroit aux Grecs, l'introducteur qui les conduit sur le theatre. Ouy mais dira quelcun, si de toute eternité les choses ont esté ordonnees, & que ceste ordõnãce ne puisse estre violee, que deuiendra la liberté de nostre volonté? faudra-il pas qu'elle soit serue de ceste loy? & qu'elle soit telle ou telle, bonne ou mauuaife, felon qu'elle l'aura ordōné? Non. Car ce Deftin qui a preordonné toutes chofes, a ordonné que noftre volonté feroit libre, tellemét, qu'en noftre volonté f'il y a quelque neceffité, elle n'eft autre finō qu'elle eft neceffairement libre. Et quant à ce que nos volōtez ont efté preueues telles qu'elles doiuent eftre, elles ont efté preueues pour ce qu'elles deuoient eftre telles, & ne font pas telles pource qu'elles ont efté preueues. Mais me dira vn autre, de quoy fert noftre volonté, puis que des chofes que nous voulons, il ne f'en fait que ce que Dieu en a ordonné, & qu'il n'y en a quafi rien en noftre puiffance? Nous ne fçaurions quafi vouloir chofe fi aifee, quand il ne feroit par maniere de

g iiij

dire, question que de porter la main à la bouche, qui ne puisse estre empeschee par vne infinité de rencontres. C'est ce que dit le prouerbe, Il tombe beaucoup de choses entre le verre & les léures. Certainement ie ne pense pas quant aux euenemens qu'il y en ait pour si petits qu'ils soient, qui dependent entierement de nostre volonté. Pour cela toutefois nostre volonté ne laisse pas d'estre libre, pour ce qu'elle n'est pas l'action, mais le mouuement à l'action: & ne laisse pas de nous seruir, pour ce qu'encore qu'elle ne soit pas seule cause, si coopere elle auec les autres, qui sont toutes amassees & accouplees par le destin à vn mesme nœud, pour faire vn seul effet. Quand elle se dresse à la fin qu'elle doit, elle est secondee, par le destin, & fauorisée par la rencontre des autres causes: & se faisant conduicte à ce qu'elle s'est proposé, ou pour le moins à vn autre fin, que la prouidence iuge luy estre salutaire. Quand au côtraire elle s'addresse à vne mauuaise fin, elle est par la côcurrence des autres causes, & force du destin emportee à vn effect tout different de son dessein, mais pour le moins tousiours à vn but, dont Dieu malgré elle tire sa gloire & le bien de l'vniuers. Car combien que le destin ne change rien en la nature des causes, & qu'il laisse operer les volontaires volontairement, les necessaires necessairement, les naturelles naturellement: si est-ce que de la meslange & assemblage de toutes ensemble au poinct, & à la forme qu'il

g v

les fait rencõtrer, il fait sortir tels effets que bon luy semble : tirant bien souuent de mesmes causes de tous contraires effets, cõme de mesmes lettres transposees nous composons des mots tout differens. Il est si adroict ouurier, que tout luy sert à ce qu'il veut faire. Bien souuent que nous pensons resister à ses conseils, en nous laissant faire il nous mene où il luy plaist. Ne plus ne moins que ce grand ciel, qui enueloppe tous les autres, encore qu'il n'empesche pas leur cours naturel d'occident en orient, ne laisse pas de les entrainer tous les iours auec luy d'orient en occident, soit que nous allions le pas, ou que nous courions, que nous nous hastions ou arrestions, que nous allions droit ou nous destournions, nous arriuons au giste auec le destin: nous ne le sçaurions eschaper, nous le trouuons en le fuyant, y tombons en reculant, & l'inuitons en l'euitant. Ce destin est vne puissance trop sage, & vne sagesse trop puissante pour y pouuoir resister, ou par force ou par finesse. Or tel & si grand qu'il est, ce n'est non plus que la nature, qu'vn des effets de ceste sage prouidence, qui remplit & gouuerne toutes choses, & qui est respandue par toutes les parties de l'vniuers, & est quasi comme son ame. Elle conduit toutes ses parties auec de sages & infaillibles conseils & raisons trescertaines, lesquelles bien souuent nous ne cōprenons que bien tard, & quelquefois point du tout, ou pour estre sa sagesse si profonde & si in-

g vj

scrutable, que nous n'y pouuons penetrer, ou pour estre nostre negligence & stupidité si grande, que nous ne daignons ouurir les yeux pour la considerer. De là aduiét que les hommes font de leur ignorance & brutalité, vne deesse qu'ils nommét Fortune, & la peignent les yeux bandez, tournant auec vne roüe les affaires du monde, poussant tout à l'auanture, & iettant ses presens & faueurs au hazard, comme on fait la monnoye neufue aux entrees des Rois: selon que chacun se trouue prest, il en recueille ce qui en tombe sur luy. Mais ie voudrois bien que ceux qui veulent faire gouuerner le monde à ceste temeraire aueugle par tant de siecles, luy laissassent seulement pour vn an gouuerner leurs maisons, ils y trouueroient vn beau mesnage. Pauures gens! ils voyent bien qu'vne petite famille ne peut subsister vn an sans vne grande prudence, & ils veulent que ce grand Vniuers cõposé de tant de differétes parties, subsiste tant de milliers d'annees, sous la conduite du hazard? Ils ne voudroient pas auoir baillé vn troupeau de moutons à vn berger qui eust mauuaise veüe, & ils veulent commettre à vne aueugle temerité, le gouuernement de tant de legions & d'Anges & d'hommes? O ingrate race de gés, pourquoy dressez-vous des autels à vos dieux, si vos sacrileges opinions n'adorent que la Fortune? pourquoy sacrifiez-vous apres vos victoires, pour remercier celle qui ne vous a veu, quand elle vous a sauué, & ne vous voit quand vous la remerciez? Vous penſez, peut eſtre, que ce fantoſme ait les oreilles meilleures que les yeux? Ce qui a comblé les hommes de cet erreur, & les a ainſi pouſſez à arracher la reigle & le compas de la main de la prouidence, pour faire entrechoquer temerairemẽt toutes choſes, & tout tomber au hazard, ç'a eſté (à mon aduis) d'auoir voulu accommoder la grandeur & puiſſance de Dieu à leur infirmité, & n'auoir voulu recognoiſtre plus haute & plus profonde diuinité, que celle que le premier obiect des choſes preſentoit à leur ſens. La prouidence diuine eſt vn abyſme de lumiere, dont l'eſprit de l'homme ne peut penetrer le fonds, qu'en tenant longuement l'œil fiché deſſus: encore faut-il ramaſſer ſa veüe en quelque petit pertuis,& la cōduire, comme par vne mire, de peur que ceste lueur infinie ne l'esblouïsse & esteigne. Toutesfois pour cognoistre simplement qu'elle est, & qu'il n'y a point de fortune, le moindre & plus foible esprit y peut suffire. Car pour si peu que nous obseruions la conduite du monde & de ses parties, nous iugeons incontinent qu'il n'y a rien icy bas de temeraire ny d'auanturier que nostre ignorance & indiscretion, encore ne l'est elle que pour nous: pource que nostre temerité mesmes, & nostre incertitude est certaine à la prouidēce. Rien de toutes les choses du monde ne luy eschape, pour si petites qu'elles soient. Elle les manie & conduit, tient & retient au poinct où elles doiuent estre, tant pour leur bien particulier, que pour le bien de l'vniuers. Or entre toutes il n'y en a point, à mõ aduis, fur lefquelles elle veille plus attentiuement, que fur les empires & royaumes, dont elle eft la vraye mere & tutrice. Nous voyons leur origine & leur naiffance, comme marquees dans le ciel, & introduictes çà bas par la reuolution des aftres. Nous les voyons arriuer auec des mouuemens fi eftrãges entre les nations, que vous diriez quafi que c'eft la terre qui enfante auec trauail & douleur. Leur croiffance fe fait auec des rencontres fi eftranges, auec des hurts, & des heurs fi remarquables, qu'en nul autre endroit on ne void la diuinité auancer & promouuoir plus euidemment les fuccez des affaires, qu'en l'eftabliffement des nouueaux eſtats. Souuenez vous, ie vous prie, de l'aduenement des Iuifs en la Paleſtine, & contemplez auec quels miracles vne troupe de paures fugitifs a tant debellé de peuples, tant renuerſé de prouinces, tant ruiné de citez, pour edifier ceſte grande & ſuperbe Hieruſalem, & baſtir ce riche & magnifique temple, auquel ſeul Dieu a voulu eſtre ſerui & adoré pour vn temps. Venez puis apres à ceſte conſideration, que fait Tite Liue du progrez de l'empire Romain, comparant à Rome les peuples, dõt elle eſtoit enuironnee en ſa ieuneſſe, qui eſtoient tous plus puiſſans en richeſſes, en hommes, en armes & en toutes commoditez: il ſ'eſbahit comme cẽt fois elle n'a eſté eſtoufee au berceau, & cõme lon la laiſſee paruenir à ceste grandeur autant enuiee qu'admiree. Mais il sembloit que Dieu luy prestast ses mains pour combattre ses ennemis, & luy mist, comme faisoit ceste statue de fortune à Demetrius, les villes toutes prises dans le poing. Ie ne me puis oster de l'entendemēt, qu'il n'eust choisi cest endroit de la terre cōme fatal, pour estre la teste de tout le monde, pour assembler sous ce chef l'Europe, l'Afrique, & l'Asie, comme ses membres : & faire decouler de ce chef par toutes les parties de la terre, la grace qu'il auoit preparé de toute eternité, pour le salut vniuersel des hommes. Quand ie considere aussi l'establissement de ce iadis si braue & florissant royaume François, le renom & honneur duquel a passé de l'occident iusques à l'orient, que ie contemple auec combien d'efmerueillables euenemens, il a efté fondé, eleué, & conferué par l'efpace de pres de douze cés ans, & de combien de grandes & eminentes ruines, il a efté menacé & garenty, ie penfe que lon ne peut nier que ce ne foit cefte diuine prouidence, qui l'ait gardé & maintenu iufques icy. Et à dire vray, à quoy fe peut elle plaire dauantage, qu'à voir vn grād nombre d'hommes affemblez, viure fainctement fous de iuftes loix, comme font ordinairement les peuples nouueaux, & obferuer en leur ordre, police, & obeiffance, la mefme harmonie qui reluit en tout l'vniuers? Or comme cefte fage Prouidence ordonne de la naiffance des villes & des royaumes, auffi ordóne elle de leur fin.

Elle n'ordonne rien qui ne soit iuste, par quel droit donques nous en pouuons nous plaindre ? Considerez ie vous prie, la ruine de tous les empires, & de toutes les grandes villes, conferez leur commencement auec leur fin, & vous iugerez leurs aduenemens dignes d'estre fauorisez pour leur vertu, secondez en leurs entreprises par ceste saincte prouidence ; au contraire vous confesserez que leur fin estoit iuste, & que leur vice auoit comme forcé la iustice diuine de les ruiner. Ie laisse les premieres monarchies des Perses & des Assyriës, qui se sont plongees, & en fin noyees dans les delices: les republiques des Grecs, qui ont esté estoufees par l'ambition & l'auarice : & vous veux seulemẽt faire tourner les yeux vers les reliques de ceste miserable Hierusalem, & considerer si à l'heure de sa ruine elle n'estoit pas à charge à la terre, & à reproche au ciel, tant pour auoir esté le theatre où l'impieté auoit combatu la diuinité, que pour estre lors vn esgout de tout vice & meschanceté. N'a lon pas veu la prouidence marcher pas à pas à la peine de ce peuple, duquel les scelerees actions ont esté long temps auparauant prophetisees, & apres auoir esté excecutees ont esté menacees, & les peines, qui les attendoient, annoncees? Et quand le temps est venu, toutes choses ne s'y sont elles pas disposees, & n'ont ils pas eux mesmes trauaillé de façon à leur ruine, qu'il n'a pas esté en la puissance de leur ennemy de les sauuer? Tout a esté plus clement enuers eux qu'eux-mesmes : & de tous les maux qu'ils ont enduré, il n'y en a point eu de plus cruels, que ceux qu'ils se sont faicts. La mechanceté a cela de iuste, qu'elle se punit ordinairemét soymesmes, se conduit malgré tout le mõde au supplice, & sert de bourreau le plus souuent à sa peine. Passons à la destruction de la ville de Rome, & voyons quand elle est arriuee, & de quelle façon: ce n'a pas esté quand les mœurs y estoient pures & saintes, que ceste grande legalité, fidelité & magnanimité y florissoit telle, qu'elle a faict dire à Tertullian que leurs loix approchoient fort de l'innocence: mais ç'a esté quand ils ont eu despouillé toute la terre de ses richesses, & qu'auec l'or & l'argent de toutes les prouinces, ils en ont tiré tous les vices & toutes les corruptions. C'a esté apres que la verité leur a esté longuement annoncee, & qu'elle n'a peu obtenir d'eux de les retirer d'vne incestueuse & sacrilege idolatrie, à la pureté du seruice de Dieu. Et comment est elle arriuee? par des moyens miraculeux, & où la prouidence s'est monstree oculairement. L'on a veu des nations incogneues, poussees par des secrets mouuemens & occultes inspirations, presque sans intelligence entre elles, se leuer toutes entieres de leur siege pour venir les vnes apres les autres inonder cet Empire. Et en mesme temps les Empereurs & les suiects, qui auoient autrefois contenu par la seule reputation de leur vertu, tous les peuples du monde sous leur obeissance, si lasches, si diuisez, & mal-aduisez, que vous eussiez dit proprement, que c'estoit la prouidence qui enuoyoit des ousterōs en vne moisson ia bien meure, & preste à couper. Mais sans diuertir aux exemples estrangers, examinez quel estoit l'estat de nostre France, quand la tempeste nous a accueilly, & la façon dont elle nous a battu. Ie ne veux pas non plus que vous si mal augurer du salut de mō pais, ny tellemēt desesperer de la misericorde de Dieu, que ie pense deuoir estre icy sa totale ruine. Toutefois de quelque costé que les choses tournent, il ne se peut faire que ce ne soit vn tresgrād & horrible changement, plein de misere & desolation. Pouuons nous nier que ceste calamité ne nous soit tresiustement,

ment arriuee, & que nous ne fuſſions lors venus à vn tel deſordre & ſi infame deprauatiõ, que nous auions honte de nous meſmes, & ſeruions d'argument à l'impieté, pour conclure que Dieu, qui tardoit tant à nous punir, n'auoit point de ſoin des choſes humaines. Ie ne veux pas offenſer vos oreilles par vn nouueau recit des abominables vices, qui regnoient parmy nous, & eſtre allegué par la poſterité pour teſmoin de la honte de ma nation, & de l'infamie de mon ſiecle. Ie me contenteray de ce que Muſee en a touché en general, & fort retenument, & de ce que vous en ſçauez tous en particulier à voſtre grand regret, comme ie croy. I'ay ſeulement enuie d'entrer auec vous en conſideration de la façon, dont
h

la Prouidence a vsé pour noùs chaſtier tous les vns par les autres, menāt & conduiſant nos actions à fin toute cōtraire à nos deſſeins, & faiſant ſeruir tous nos conſeils contre nous-meſmes à noſtre punitiō. Nous ſommes icy entre nos amis & tres-fideles, ie croy que ce que nous dirons ne paſſera point le ſueil de la porte, nous pouuons parler librement. Si les moyens & artifices humains pouuoient ſeruir de remede contre le deſtin & l'ordonnance de la prouidence, ſans doute il ſembloit que le defunct Roy ſe peut aiſément defendre de la ruine qui l'a accablé. Car premierement il n'y auoit point d'apparence de ſe ſeruir cōtre luy du pretexte de la religion: veu que non ſeulement il eſtoit catholique, mais meſmes exceſſif

en apparences de deuotions, iufques à mener pluftoft la vie d'vn moine que d'vn Roy. Tellement que ce que l'opinion de la religion peut en vn eftat, eftoit en fa faueur, & fembloit beaucoup feruir à fa conferuation. De fes fuiects les Princes de fon fang eftoient de fon party, tant pour l'obligation qu'ils auoient à fa dignité, que pour eftre perfuadez que le party qui fe dreffoit nouueau en ceft eftat, eftoit pour les eftoufer. La nobleffe eftoit auffi quafi toute à fa deuotiõ, tant pour les mefmes raifons, que pour bien cognoiftre que le peuple f'eleuant contre fon Prince, voudroit auecque luy opprimer tout ce qui eftoit eminent. Le menu peuple de la campagne eftoit fi recreu des guerres paffees, qu'il ne de-
h ij

mandoit que le repos : celuy des villes auoit quasi tout son bien entre les mains du Prince, soit à cause des rentes, ou des offices, que chacun auoit acheté de luy. Il auoit mis aux charges des armes & de la iudicature, tous ceux qui y estoyent. Des gens d'Eglise, les Prelats auoient tous esté faits de sa main, & tous ceux qui esperoient quelque dignité, ne la pouuoient attendre que de luy : & quant aux plus petits, ils les gratifioit & fauorisoit en tout ce qu'il pouuoit. Qui eust iamais pensé qu'vn Roy fortifié de tous ces moyens-la, eust deu rië craindre, mesmes vn remument qui estoit la ruine euidëte de tous ceux qui y prestoient leurs mains ? Et au moins qui se fust iamais douté, qu'il eust peu receuoir l'iniure qu'il souffrit ce iour fatal des barricades, ce iour de la natiuité de nostre misere? Ie pense rêuer toutes & quantefois que i'y songe, & ne puis croire ce que ma memoire m'en represente : tant cet euenement me semble hors de raison & de discours! Le Roy estoit en sa ville capitale, assisté d'vn tresgrand nombre de signalez Princes, seigneurs & gentilshommes: il y auoit son Parlement, & sa iustice ordinaire: il tenoit la Bastille, & auoit en sa puissance tous les lieux forts de la ville, l'artillerie & les munitions de guerre : le Preuost des marchans, les Escheuins, les Colonnels & capitaines de la ville estoient tous ses officiers & seruiteurs obligez & affectionnez à son seruice : il auoit outre cela, bien six mille hommes de guerre estrangers, disposez comme il auoit voulu: nonobstant tout cela vne esmotion de peuple eleuee sous vn faux bruit, luy fit voir son peuple armé contre luy, & sa personne comme assiegee dans son Louure. C'estoit chose merueilleuse à qui eust consideré l'humeur de ce peuple ainsi mutiné. Car de tant d'hommes qui sortoient auec les armes, les gens d'honneur iugoient bien la consequence de ce faict: & la plufpart mesmes des autres estoient assez retenus de la reuerence deüe au souuerain: de façon que qu'il les eust tous interrogez à part, il n'y en eust eu que peu, ou point, qui n'eussent desiré que ce trouble ne fust point aduenu, ou qu'il eust esté desia appaisé. Neantmoins la fureur qui agitoit ce peuple, eschaufa tellement les esprits, que ceux qui du commencement craignoient de sortir en la rue auec les armes, estoiēt tous prests le lendemain d'aller assieger leur Prince souuerain iusques dans son chasteau. De façon qu'il fut contraint pour se sauuer d'abandonner la ville, & se retirer comme à la fuitte. Encore ce peuple estoit il si forcené, qu'il l'eust volōtiers poursuiuy. Chose estrāge, qu'vn peuple qu'il auoit tant cheri & engraissé de la despouille du reste de ses suiects, auquel il s'estoit appriuoisé & familiarisé, voire outre toute decence, qui auoit plus d'interest que nul autre, à la conseruation du repos public, ait à vn moment perdu le respect de la maiesté royale, la souuenance de ses biens-faicts, la

crainte des loix, la reuerence de
ses magistrats, pour se precipiter
par vne telle insolence & temerité, à vn abysme de maux & de
miseres. Que veut dire tout cela,
sinon qu'il y auoit quelque plus
haute puissance, qui manioit ces
esprits-la, & donnoit mouuemét
à ceste sedition, pour estre le commencemét de la peine, que Dieu
auoit preparé au Roy, & à tout
son royaume? Car ie croy que dés
ce iour la couronne luy tomba de
la teste, & à nostre grand malheur
& au sien, commença à se briser. Et depuis toutes choses n'ont
cessé de se tourner à nostre ruine,
& tous les conseils que lon a pensé prendre pour nostre salut, se
conuertir à nostre misere & calamité, & de ceux qui en estoient
les autheurs. Mais ce qui est le

plus admirable en la suitte de nos maux, c'est que depuis que Dieu permit que ce pauure estat fust dechiré en ces deux grans partis, il s'en seruit de façon que vous eussiez dit qu'ils estoient disposez & dressez pour se donner l'vn apres l'autre chacun son coup, comme s'ils eussent esté aux gages de la iustice diuine, pour seruir à la punition l'vn de l'autre. Le premier coup auoit esté celuy, que le Roy auoit receu: grand certainement, de se voir chassé par ses suiects de la ville capitale de son royaume, de se voir comme banny au milieu de son estat, de se voir despouillé de son authorité & de ses commoditez. Il fit pour se reuencher le coup de Blois, qui fut bien vne grande playe à ses ennemis, mais ce ne fut pas guarison à la

h v

sienne. Il estimoit auoir estoufé par cet acte tout le party contraire, & esteint dans le sang de ces deux Princes les flambeaux de la guerre ciuile: mais tant s'en faut, il les ralluma, & debonda par ceste playe les torrens de sang, qui depuis ont inondé la France. Car vous sçauez cõme aussi tost quasi toutes les grandes villes de ce royaume se souleuerent, reunirẽt & coniurerent. Vous vous souuenez comme incontinent apres il fut assiegé, & quasi pris dãs Tours. Certainement toutes choses luy estoient ia si contraires, & la fortune sembloit si fauorable au party de la ligue, que ceux qui en estoient pensoient auoir tout gaigné, & se comportoient fort insolemment en leur fortune. Mais la bataille de Senlis leur donna

incontinent sur les doigts, & rabatit l'orgueil & l'esperance de ceux qui estoiét partis d'icy, pour aller achepter le pillage de ceste ville-la, que nous tenions desia comme prise. Apres suiuit le siege de ceste ville-cy, qui nous mit à deux doigts prests de nostre ruine : & de verité il n'y auoit pas moyen de l'euiter, quand le sort commença à tourner, & que le Roy fut malheureusement tué de ce coup espouuentable, qui finit piteusement sa vie, & mit vne grande confusion parmi les siens. Le cœur comméça lors à croistre à la ligue, & nouuelles esperances à reluire aux chefs d'icelle, mesmes lors que le Roy qui est à present, fut assiegé dans Diepe, & que lon contoit à la place Maubert, que lon l'ameneroit au pre-
h vj

mier iour à Paris prisonnier. Ce bon temps-la ne dura gueres: car on fut tout esbahi qu'on le veit & sentit dans les fauxbourgs de Paris, & peu s'en fallut dans la ville. Cela certainement nous estonna fort, mais ne nous fit pas sages pourtant. La ligue eust incontinent apres vne puissante armee, & prist le bois de Vincennes & Pontoise: lon ne se promettoit rien moins à Paris, sinon qu'on s'en alloit prendre le Roy. Car on pense icy que donner vne bataille & la gaigner, ce soit vne mesme chose. On leur apprist bien que c'en sont deux: car la ligue donna la bataille, mais elle y fut bien frotee. Ceste perte fut incontinent suiuie de celle des villes de Mante, Corbeil, & Melun: toutefois l'heur du vainqueur ne fut pas si grand, qu'il ne trouuast à Sens vne espine qui en arresta le cours. Maintenant voicy Paris assiegé, endurant toutes les pauuretez que lon sçauroit non pas dire, mais penser : lon attend à present icy le secours des estrangers, qui viendront ruiner le pais, & s'ils peuuent s'emparer de la France: qu'est-ce tout cela, sinon vn flux & reflux de misere ? vn tour & retour de calamité, qui nous abysmera à la fin, si Dieu n'a plus de pitié de nous, que nous n'en auons nous-mesmes ? Qui est-ce qui est si aueugle & de corps & d'entendement, qui ne void que tout cela n'est autre chose que la main de Dieu, qui auec les verges des guerres nous fouette l'vn apres l'autre à tour de roolle, sans que personne s'en puisse exempter? qui ne iuge clairement qu'il se sert de nostre malice & meschanceté, pour nous punir les vns par les autres ? Les Rois, les Princes, & la Noblesse sont chastiez par le sousleuement des peuples, qui secoüent le ioug de l'obeissance, s'emparent de leurs maisons, les font errer & vaguer çà & là auec leurs familles ruinees & desolees : sont chastiez par les playes, ausquelles ils sont exposez tous les iours, par l'effusion de leur sang, dont la campagne est tantost toute teinte. Le peuple d'autre costé est chastié par les gens de guerre, qui le volent, pillent & rançonnent: les villes sont prises & reprises, & celles qui se peuuét garder, mangees de garnisons, foulees de gardes & de couruees, pressees de disette

& de famine: & qui pis est, les habitans s'entreuolent, s'entrepillēt, s'entremangent les vns les autres. Quant aux gens d'Eglise, les vices desquels ont autant qu'autre chose, embrasé l'ire de Dieu sur nous, & allumé cesteguerre, qu'ils entretiennent encore tant qu'ils peuuēt, ils sont le commun iouët de tous les autres, & comme le suiect de l'insolence & des iniures de la noblesse, & du tiers estat. Ie laisse à dire que le seruice de Dieu cesse par tout, que l'impieté & le blaspheme s'establit, qu'il n'y a sorte de sacrilege & pollution qui ne se commette dans les lieux saints : non que ce ne deust estre la nostre plus viue & sensible douleur, & neantmoins c'est dont nous nous plaignons le moins. Mais quant aux biens & commoditez temporelles, pour lesquelles nous nous sommes tãt tourmentez, & auons, pour dire vray, excité toutes ces tragedies, comment est-ce qu'ils y sont traittez? Leurs benefices, leurs terres, & reuenus sont occupez, ruinez & bruslez à la campagne, & leurs personnes sont emprisonnees, rãçonnees, & iniuriees par les villes: plus ils ont de dignité & de preeminẽce, plus sont ils vexez & tourmentez. Et qui est encore plus remarquable, c'est qu'ils sont encores plus mal traittez par ceux de la factiõ qu'ils ont suscitee, qu'ils ne sont pas par ceux qu'ils estimẽt leurs ennemis. Nul grade, nulle qualité, nul ordre, nulle sainteté ne les peut defendre de l'insolence des mutins des villes, ou soldats des armees, ou gentilshõmes des champs. O comme Dieu réuerse les desseins des hommes, & comme il les sçait bien punir les vns par les autres! Que reste-il plus pour contenter ceux qui ont douté de la iustice diuine, sinon de voir qu'encores quelques scelerez qui regnent en paix, & executent sur les innocens leurs malheureuses volontez, soient chastiez à leur tour? Nous ne sommes pas à la fin du ieu, ayons patience iusques au bout, & nous verrõs ce que nous attendons, nous verrons (dy-ie) que le mesme peuple qu'ils ont aigry contre les gens de bien, pourchassera leur ruine. Car les peuples esmeus resemblent à la mer, laquelle tourmentee & tépestee éleue au dessus de l'eau toutes les ordures qui sont au fonds, mais peu à peu elle les iette en terre. Nous auõs desia veu l'exemple de quelques vns, l'ambition & l'auarice desquels a esté payee par le mespris & l'iniure du vulgaire. Il faut esperer que les autres viendrõt à leur tour, & participeront aux afflictions qu'ils ont procuré à tant d'honnestes gens. Ce que nous auons à craindre, c'est que Dieu ne nous vueille tous enueloper en vne mesme ruine, cõme nous en sommes fort menacez, & abysmer tout d'vn coup tant & tant de meschantes consciences qui sont parmy nous, ne pouuant autremẽt venir à bout de les ameder. Le remede qui nous reste c'est de nous prosterner deuotement deuant sa diuine maiesté, pour flechir par l'humilité de nos prieres la rigueur de sa iustice, & obtenir de luy qu'il nous vueille plus de bien que nous ne nous en voulons: & que puis qu'en ce que nous auons le plus defiré, nous auons trouué noftre mal, en ce que nous auons le plus craint, elle nous face par fa toute-puiſſance retrouuer noftre bien. Toutefois fi fon ire perfeuere fur nous, quelque fortune qui nous attende, il nous la faut porter patiemment, & auec grande reuerence, comme nous eftant prefentee par cefte fage & iufte prouidence, la balance de laquelle ne f'efbranle iamais que par le poix de la raifon, à laquelle partant il nous faut conformer nos volontez. Ie comprés bien ce qui vous pique en ce difcours, c'eft la mefme efpine qui m'a efgratigné autrefois fur ce mefme chemin. Vous ne pouuez entendre pourquoy il faut qu'en tels accidens les bons patiſſent auecques les mauuais, les innocens auec les coupables. S'il y a prouidence, elle eſt iuſte: ſi elle eſt iuſte, elle doit recompenſer les bons, & punir les meſchans, & non pas les enuelopper en vne meſme affliction. Mais pour vous leuer ce doute de l'eſprit, ie vous voudrois bien demander en quel endroit de la terre vous auez trouué ceſte innocence que vous plaignez tant, & à quoy vous la pouuez recognoiſtre. Nos fautes & nos pechez s'exercent bien par nos membres & parties viſibles de noſtre corps, mais ils s'engendrét en l'interieur de noſtre ame: c'eſt la matrice, où il ſe conçoiuent, laquelle ils ne ſouillent pas moins pour n'eſtre pas enfantez, que ſ'ils venoient au iour. Car encore les mauuaises volontez que nous excecutons, sont ordinairement suiuies d'vn regret, qui les purge aucunement : mais quant aux meschantes intentions que nous couuons en nostre esprit, comme la braise sous la cendre, nous pensons que pource qu'elles ne sont pas cogneues, elles ne sont point mauuaises, & ne nous en retirons pas. Si ainsi est, que le siege du peché soit en nostre ame, & que nous n'y puissiõs penetrer, comment voulons nous cognoistre l'innocence d'autruy, veu que nous sçauõs combié de fois nous offensons Dieu nousmesmes, sans que les autres l'apperçoiuent? Cela n'est point de nostre iurisdiction, laissons-en cognoistre à celuy qui est seul iuge des cœurs & volontez des hommes: & s'il nous faut en cela presumer quelque chose, suiuons la presomption la plus raisonnable, presumõs pour son iugement, & croyons qu'il est iuste. Comme de vray il est fort difficile qu'en vn siecle si corrompu, son foudre tombe en lieu, où il ne trouue des coupables. Les poissons ont bien ceste proprieté qu'ils naissent & se nourrissent en la mer, sans en tirer la salure: mais que les hommes puissent naistre, & se nourrir en l'ordure & infection de la terre, sans en estre entachez, s'il n'est impossible il est tref-difficile. Mais ie veux bien que vous trouuiez parmi nous vn bon nombre de personnes saintes & du tout innocentes, & que ceux-là soient de ceux qui sont plus affligez par les miseres publiques: ie veux neantmoins soustenir qu'ils n'ont nulle occasion de se plaindre, au contraire qu'ils en doiuent remercier Dieu, comme d'vne grande faueur, & conter ses accidés-là entre les plus precieux biens qu'ils ont receus de luy. Ceste medecine vous semble amere, à voir la façon dont vous la goustez, mais aualez-la, & vous la sentirez & douce & salutaire, & vous mettra l'esprit en repos plus que remede dont vous puissiez vser. Ouy, ie dy que ce que nous appelons miseres & calamitez, ce sont dons de Dieu, tref-precieux & profitables. Pour vous le persuader, il vous deuroit suffire, que ie vous aye monstré, que la cause en est bonne, & qu'elles partent d'vne main toute bône, de laquelle, comme d'vne viue source, deriuent toutes les veines de nos

biens. Mais si la cause en est bonne, la fin en est encore meilleure: & cela vous prouueray-ie aisémét: toutesfois auant qu'en venir là, ie veux respondre à quelques obiections, que ie lis en vostre visage, que vous me voulez faire, touchant les moyens qui seruét pour paruenir à ceste fin. Les guerres (me direz-vous) les meurtres, les pillages, les violemens, & les autres fleaux par lesquels nous sommes affligez, ne sont-ce pas choses mauuaises de soy? ceux qui les font, n'ont-ils pas dessein de nous mal-faire? ne desirent-ils pas nostre dommage? ne tendent-ils pas à nostre ruine? sçauriez-vous appeler maux nos miseres, sans accuser les vices de ceux qui en sont les instrumens, & souillent leurs mains en tant de sacrileges & de
mechan-

mechancetez ? Pour esclaircir ce doute, ie desire que vous faciez distinction entre les afflictiõs qui nous arriuent : les vnes ne procedér que des causes naturelles ou superieures, comme la famine, tremblement de terre, peste, inondations, mortalitez, & autres semblables : és autres la volonté de l'homme coopere, comme les tyrãnies, les guerres, les meurtres, les pillages. Celles-la n'ont sans doute autre dessein que nostre bien : car elles n'ont autre fin, que celle de celuy qui les ordonne: celles cy ont sans doute vne mauuaise intention, car la volonté des meschants les conduist: mais c'est vn mal, dont Dieu fait vn bien. Car encores que les hommes particuliers, dont Dieu se sert en tels effects, tendent à vne mauuaise

i

fin : toutefois la derniere fin, à laquelle il les fait aboutir, est nostre bien & nostre salut. Comme l'archer addresse la fleche au but que la fleche ne voit pas: aussi les conduit il à vn effet qu'ils n'entendẽt ny ne desirent pas. Ce que nous ne deuons pas trouuer estrãge és actions de ceste toute-sage Prouidence : veu mesmes qu'és affaires humaines bien souuent pour paruenir à vne chose, nous nous seruons de ce qui tẽd à vne autre, ou diuerse, ou cõtraire. Voila vne armee de soldats, qui vont tous la teste baissee au combat : les vns sont piquez de querelle, les autres poussez d'vn desir de gloire, les autres incitez par vn despit, les autres par l'espoir du pillage : mais au bout ils se rengent tous à l'intẽtion du general, qui est à la victoire. Les bons & les meschans sont en ce monde à la solde de Dieu, & combatét pour sa gloire : quelques vns comme choisis & instruits, les autres comme forçats & esclaues. Pourquoy (me direz-vous) se sert-il des meschans, luy qui est tout bon & tout puissant? n'a il pas d'autres moyens d'effectuer ses volontez ? Il n'a pas faict les meschans tels, ils se sont rendus tels d'eux mesmes : mais puis qu'ils sont tels, il faut qu'ils luy seruent de quelque chose. Vn grand ouurier ne doit rien laisser d'oisif en son officine. Des choses les plus mauuaises, l'art en tire des effects tresbons & tres-salutaires. Ie vous diray d'auantage, qu'il y a beaucoup de choses tres-vtiles, qui ne pourroient pas subsister, s'il n'y auoit quelque chose mauuaife dedans. Ce celebre medicament (inuention vrayement diuine) contre les poifons, la Theriaque, a pour fon principal ingredient la vipere, qui eft l'vn des plus venimeux de tous les ferpés. Voudriez vous reprendre Dieu de ce qu'és afflictions qu'il nous enuoye, comme vn medicament auffi neceffaire, que falutaire pour la purgatiõ de nos ames, il y mefle quelque peu de cefte vipere humaine, qui eft la peruerfe volonté des mefchans, laquelle il tempere de telle façon par plufieurs autres fucs qu'il y adioufte, & par le feu de la fainte charité, dont il nous aime, qu'elle ne nous peut rien apporter de mauuais que le gouft, qui nous femble vn peu amer, cõme font tous les medicaments qui ont grande vertu. L'effet fans doute en est tousiours bon, & la fin n'est certainement iamais autre que nostre bien & profit, soit que nous soions vertueux, soit que nous soions vicieux, soit que nous soions innocens, soit que nous soions coupables. Et premierement quant aux gens de bien, que peut faire mieux vn pere pour ses enfans, qui ont à viure en vne prouince exposee à la guerre, que de les nourrir au trauail, les apprendre à porter le chaud & le froid, la faim & la soif, les dresser aux armes, à ne rien craindre, à aller aux coups comme aux nopces? Ceux qui ont esté eleuez de ceste façon, viuent libres, conseruent leurs biens, acquierent de l'honneur & de la gloire, & sont estimez heureux: au contraire ceux qui ont esté tenus delicatement, & ont apoltrony leurs ames par les delices, sont la proye des autres, seruent humblement au plus fort, endurent toutes sortes d'iniures, viuent & meurent sans honneur. L'homme entre au monde comme en vn champ de bataille, où toutes sortes de maux l'enuironnét: depuis sa naissance iusques à sa mort, il n'a autre exercice que le combat. Vous estonnez-vous si ce bon & sage pere nous veut souuent exercer, pour nous endurcir au trauail? point point, il ne nous flatte pas en sotte mere, qui gaste ses enfans: mais nous rudoie en sage pere, qui les manie austerement. Il nous tient continuellement en haleine, & nous exerce non seulement iusques à la sueur, mais mesmes iusques au sang. Il sçait bien que le soldat ne deuient capitaine qu'en trauaillant, veillant, patissant, souffrant, endurant, supportant le iour la nuit le froid le chaud, la pluye le soleil. Le matelot ne deuient pilote, qu'entre les tempestes & les orages: & l'homme ne deuient vrayement homme, c'est à dire, courageux & cõstant, qu'entre les aduersités. C'est l'affliction qui luy fait cognoistre ce qu'il a de force : c'est elle, qui, comme le fusil du caillou, tire de l'homme ceste estincelle de feu diuin, qu'il a au cœur, & fait paroistre & reluire sa vertu. Il n'y a rien si digne de l'homme que de surmonter l'aduersité, ny moyen de la surmonter qu'en la combatant, ny moyen de la combatre qu'en la rencõtrant. Voyla la premiere vtilité qu'apporte l'afflictiõ à l'homme de bien, qui n'est pas petite. Comme ceste-la a quelque trauail adioint à soy, celle qui suit a beaucoup de consolation. Elle consiste en ce que la calamité luy fait cognoistre quel conte Dieu fait de luy. Car il faut estimer qu'il ne nous met aux hazards & aux dangers, que pour quelque bonne opinion qu'il a de nostre vertu, & pour le desir qu'il a de nous voir bien faire. Le capitaine ne choisist pas vn soldat de peu, pour tenter vne penible & hazardeuse entreprise : il trait les plus courageux, & ceux dont il fait plus de cas, pour leur donner la pointe. C'est vn iugemēt d'honneur que de commettre vne charge fascheuse à vn homme. Les payens mesmes ont faict ce iugement-la des aduersités, & ont estimé que ceux à qui elles arriuoient estoient des plus chers amis de leurs Dieux : par ces degrez-la ils font monter Hercules au ciel. Et quant à nous, mieux instruits qu'eux, nous auons nostre leçon par escrit, qui nous chante que nous ne serons point couronnez, si nous ne combatons. Ne deuons nous pas estimer que quand nous sommes inuitez au combat, nous sommes inuitez à la gloire ? Quelle voix pésez vous qui peust estre plus agreable à ceux qui se presentoient aux jeux Olympiques, que celle de la trompette qui les appelloit pour entrer en la lice ? Ne croyez vous pas mesmes qu'en l'ardeur du duel, le desir qu'ils auoiët de plaire au peuple, & en remporter vn honorable iugement, leur ostoit le sentiment de la peine, & leur rendoit leurs playes douces. Or outre le plaisir que nous receuons en nostre ame pendant que nous sommes occupez à de belles & genereuses actions, & que par maniere de dire la constance est en œuure & lutte contre l'aduersité, il nous en demeure encore vn bien plus grand apres coup, & lors que nous sommes deliurez, & nous auons trouué le port. Car il n'y a rien si doux au monde, ny qui contente plus nostre ame que le tesmoignage que rend nostre conscience à la vertu, & la memoire qui nous demeure, d'auoir courageusement cōbatu l'infortune. Nous nous sentons lors remplis d'vn indicible contentement, & nous semble que la splendeur d'vne vraye & saine gloire reluit à l'entour de nous, & nous dōne quelque preeminence entre les hommes. Il se tire encore vn autre biē de nostre patience, qui ne nous doit pas moins consoler que les precedens. C'est le fruict que recueillent ceux qui viennent apres nous de nostre exemple, qui leur sert comme d'vn flambeau pour leur esclairer aux belles & glorieuses actions. Nous deuons à la posterité la plus part de nos plus viues affectiōs : & me semble que ceux qui sont naiz à l'honneur, n'ont point de souhaits plus ardans ny plus ordinaires, que de pouuoir sacrifier leur vie pour le bien public. De façon qu'il me semble que les occasiōs, qui nous donnent moyen d'instruire les autres à bien faire à nostre imitation, & nous rēdre illustres à l'ad-

i vj

uenir par la recommandation de noſtre vertu, nous doiuent eſtre fort agreables : pource qu'elles nous ſont fort honorables,& profitables à la poſterité. Le ſang & les ſueurs de ceux qui ſe comportent vertueuſement en leurs calamitez, ſont autant de fontaines qui ne tariſſent iamais, d'où coulent en l'ame de ceux qui viuent aux ſiecles d'au deſſous, vn genereux deſir de leur reſembler. Il n'y a donc point de doute que les gens de bien ne reçoiuent profit des calamitez qui leur arriuent,& que le public n'en tire de grandes commoditez. Voyons ſ'il en eſt ainſi de celles qui arriuent aux coupables, qui ſont bien en plus grād nombre que les autres. Ouy certainement. De ceux qui ſont deuoyez du chemin de la vertu,

& de l'obeissance qu'ils doiuent à Dieu (qui est la vraye & vnique innocence) il y en a de deux sortes: les vns ne font que commencer à s'esgarer, les autres font comme tout perdus : aux vns & aux autres l'affliction est le salutaire & necessaire remede. Aux premiers elle sert d'vn benin & paternel chastiment : c'est comme les verges dont Dieu rameine à son deuoir celuy qui se debauche : vsant en nostre endroit de l'office d'vn sage pere, lequel corrige ses enfans d'autant plus soigneusement, qu'il les aime cherement : il les chastie en leurs premieres & plus legeres fautes, de peur que negligees elles ne se tournent en habitude, l'habitude en crime, qu'ils ne tombent entre les mains de la iustice publique, pour n'auoir pas souffert la reprehensiõ domestique, & qu'ils n'endurent vn honteux & cruel supplice, pour n'auoir pas enduré vne paternelle & charitable correction. Ie vous diray plus, que Dieu, comme il est infiniment sage, & encores meilleur en nostre endroit, preuient souuẽt nos fautes : & comme il voit nos volontez panchees à mal-faire, il nous redresse par les aduersitez, comme par vn mors qu'il nous met en bouche, pour arrester nostre mauuaise inclination, & donter nos affections par nos afflictions. Disons verité, combien de fois en nostre vie la Prouidence nous a elle surpris en de mauuaises pensees, & nous dõnant sur les doigts nous a elle faict lascher prise? Cõbien de mauuaises rencontres auons nous elles, qui ont parlé à noſtre conſcience, rabattu noſtre orgueil, & nous ont aduerty que nous eſtiōs hommes? On dit que le grand Roy François(vrayemēt grand,car il auoit de grandes vertus & de grands vices) ayant eſté pris priſonnier à la bataille de Pauie, fut mené en vn monaſtere, où la premiere choſe qui ſe preſenta à ſes yeux, fut vne inſcription qui eſtoit ſur le portail, de ce verſet d'vn pſeaume: Cela va bien, ſeigneur, que vous m'ayez abbaiſſé, pour m'apprendre que c'eſt que de voſtre iuſtice. Vn autre imputera ceſte rencontre au hazard, de moy ie l'eſtime vn œuure ſingulier de la prouidence diuine, qui a faict trouuer ce Prince à cet endroit,apres vne telle fortune: à fin qu'il veiſt ſa leçon par eſcript, &

entendist l'aduertissement que Dieu luy donnoit, de faire profit de sa calamité, & moderer ceste vanité, auec laquelle il gastoit & corrompoit beaucoup de belles vertus qui estoient en luy. Plus les Princes sont puissans, plus ils sont veillez de ce souuerain gouuerneur, qui cognoissant l'importance de leurs actions à la ruine ou conseruation des peuples, leur retient ou lasche le cœur & la main, selon qu'il iuge à propos pour nostre bien & pour sa gloire. On ne sçauroit mieux dire que l'escriture : Le cœur des Roys est en la main de Dieu. Ce sont ses procureurs & administrateurs, qu'il enuoye icy auec puissance fort libre & fort ample : laquelle toutesfois il sçait bien reuoquer ou moderer, quand il luy plaist.

Puis que ce difcours m'a ietté à cet exemple, i'y adioufteray celuy d'vn ieune gentil-homme François, lequel de nos iours auoit fait grauer ces mots en vn poignal: Ie frape fans refpect. Il aduint qu'en danfant vne volte fon poignal fe defgaina, & le bleça fi auāt en la cuiffe qu'il en cuida mourir. Ie vous laiffe à penfer, fi ce coup ne parloit pas à luy, & ne luy reprochoit pas fa temerité? Or foit que nous confiderions les afflictions, qui nous arriuēt ou auant que nous tombions en quelque faute, ou apres nos premieres & plus legeres fautes, nous trouuerons que Dieu nous traitte toufiours fort indulgemment. Ce ne font ordinairement que douces correctiōs, femblables à celle des Perfes qui fouettent les habits au lieu de ceux qui ont failly. Il ne s'attaque qu'à nos biens, à nos hõneurs, à quelques droleries, comme cela, il nous les oste quelquefois pour vn temps, comme on faict les cousteaux & les daguettes aux petits enfans, de peur qu'ils ne s'en blecent. Voyla quãt aux premiers, quant aux autres qui sont incorrigibles, que le chastimẽt paternel n'a peu flechir, & auquel Dieu est contraint de se monstrer iuste iuge, & decerner vne rigoureuse peine : on ne peut dire que leur calamité ne soit tresbõne & tres-vtile. Si nous consideroñs la personne de celuy qui l'enuoye, l'immuable loy de sa iustice eternelle veut, que ce qui ne se peut amender soit osté & retranché : si nous considerons l'interest general de la societé humaine, il est certain qu'elle ne pourroit subsister, si les meschans n'estoient chastiez, & retenus par la rigueur de la peine, puis que l'amour de la vertu ne les peut contenir. Ceux qui gouuernent des villes ou des bourgades, iugent que pour les cōseruer il faut de necessité chastier les couppes-bourses & larrons particuliers:& vous ne voudrez pas que celuy qui gouuerne tout le monde, punisse les Rois, les Princes, les republiques, & les villes toutes entieres, desquelles la puissance & authorité est exempte des loix ciuiles, & n'a plus rien par dessus pour la punir que la iustice diuine, sans laquelle le mal feroit son progrez par tout, & estendroit sa corruption par tous les autres endroits du monde? Or qui est-ce qui peut improuuer ce qui profite à tout le monde, & s'en plaindre en son particulier? Ce qui nous est commun auec d'autres, nous l'appellons nostre: vn bien qui appartient à tout l'vniuers, ne l'appellerons nous pas nostre biē? N'auons nous pas tous interest, qu'il arriue des exemples de la iustice diuine, qui apprennent aux hommes qu'il y a vn œil tout-voyant là haut, qui iuge & examine toutes choses, & qu'on oye la voix desmeschans entre les supplices, qui aduertisse les autres *D'aimer iustice, & n'oublier pas Dieu.*

C'est chose trop claire & trop aisee à persuader aux hommes, qu'il faut que les meschans soient punis. Mais peut estre, que ce qui sera plus difficile, sera de leur persuader que la calamité meritee, qui leur eschet pour peine, est pour leur bien & profit. Ce deuroit bien estre sans doute le premier souhait de l'homme, de ne point meriter la peine: mais l'ayāt meritee, le second doit estre de l'aquitter vistement. Car ce que Dieu enuoye aux hommes en ce monde pour les punir, ne procede point d'vn esprit qui leur vueille nuire, mais seulement arrester le cours de leur meschanceté : & ce faisant arrester aussi le cours de leur misere. D'autant que la iustice diuine ayant à proportionner la rigueur des peines à la grādeur des crimes, plus elle laisseroit regner les meschans, plus elle croistroit la mesure de leur tourment. Voulez vous voir que la peine est le bien des meschans ? Souuenez vous de ceux que vous auez veu au supplice, qui louoient la iustice & les loix qui les faisoiēt mourir. O que saints sont les foudres, qu'adorent mesmes ceux qui en sont frapez! Ie vous diray d'auantage, qu'il s'en est veu, qui ayans commis de grands crimes, estoiēt tellemēt trauaillez en leur esprit, qu'apres auoir esté longuement cachez, ils se seroient venus eux mesmes accuser, & sous-mettre à la peine, comme à l'expiation de leur forfaict: estimant le tourmēt ordonné par les loix, beaucoup plus doux que celuy que leur dōnoit leur conscience. S'il se trouue des coupables, qui reçoiuent en gré la mort ordonnee par les loix ciuiles pour leur mesfait, & y trouuent quelque consolation : à combiē plus forte raison doiuent ils auoir agreable la calamité decernee par la iustice diuine, laquelle receue auec vn esprit patient & doux, s'ils ont encore à viure en ce siecle, purifie leur ame, & met leur conscience en repos, & s'ils y meurent les deliure des tourmens eternels? Si nous auons vn membre pourry, nous allons chez le Chirurgien, & si nous n'y pouuons aller, nous l'enuoyons prier de venir pour nous le couper, de peur qu'il n'infecte & gaste le reste: & ne voulons nous pas que nostre ame, pour se garantir de l'ordure & pollution que nostre corps & nos biens luy apportent, s'en laisse despouiller par ce souuerain medecin, qui vient de luy mesmes à nous, & ne fait rien que pour nostre bien? I'apperçoy bien en vos contenances, que de ce discours comme d'vn feu peu clair se leue vne fumee, qui vous cuit aux yeux. C'est à mon aduis, vne grande inegalité & deproportion qui se voit en la punition des meschans, qui diminue la foy de ce que nous auons dit de la Prouidence. Car nous voyons ordinairement, que des meschans les vns sont punis, les autres ne le sont pas: les vns, qui ont fait beaucoup de meschancetez, endurent peu de peine, les autres au contraire. A ceste obiectiõ il me pourroit suffire de ce que ie vous ay dit cy dessus: que la volonté de Dieu est la souueraine iustice, que puis qu'il le veut ainsi, il est bien. La mesme raison, pour laquelle il fait toutes choses, veut aussi que personne ne luy en demande raison. Ses conseils sont abysmes profonds & inscrutables,

bles, & où nos yeux, qui à peine voyent ce qui est à nos pieds, ne peuuent penetrer : & toutefois si nous la voulons suiure à tastons, nous la trouuerons si iuste, voire si liberale qu'elle nous rendra raison de ce mesme, dont elle n'en doit point : & trouuerons sa iustice en la plus part des choses qui nous trauaillent, tousiours egale à soy-mesme. Et bien que pour vn temps elle se cache, à la fin elle se decouure, & paroist de mesme couleur en vn endroit qu'en l'autre : imitant les riuieres qui se perdết en terre en quelques endroits, mais viennent neantmoins à se decouurir & resourcer, quand elles approchent de la mer. Premierement quant à ce que vous pensez, qu'il y ait des meschans impunis, vous vous trompez : la peine

k

& la meschanceté sont sœurs iumelles, qui naissent ensemble, & ne s'abandonnent iamais. Le remords de conscience piquant & aigu, les ennuis mornes & sourds, les repentéces ameres, sont bourreaux domestiques, qui ne manquent iamais. Ne pensez pas que ce soient fables, ce que les poetes representent des Furies auec des brandons à la main, qui viennent reueiller les coupables : c'est vne image peinte au vif, & tiree apres le naturel, de la passion, qu'endurent les meschans tourmétez par leur propre conscience. N'estimez pas que les douleurs d'vne roue, ou d'vn feu, ou de quelque autre humain supplice, approchét en rien de la cruauté des fureurs qui agitent l'esprit des scelerez? Quelle peine eust on peu excogiter, qui euſt autant gehenné ce Catule, qui auoit perſecuté les Iuifs, que faiſoit ſa conſciéce, luy repreſentant en ſes ſonges vne grande multitude d'hommes par luy maſſacrez, qui tous hideux & ſanglans luy deſcouuroyent leurs playes, luy redemandoyent leurs enfans qu'il auoit faict meurtrir, leurs biens qu'il auoit pillé, & au bout de là le menaçoient & luy prediſoiét d'horribles calamitez? Quelle roüe penſez vous que c'eſtoit à Herode, d'entédre de iour & de nuit les eſprits de ſa femme & de ſes enfans, qui luy reprochoient auec iniures ſa cruauté, de les auoir fait malheureuſemét & inhumainemét aſſaſiner? Quelles richeſſes, quelles magnificences, quelles voluptez peuuent réiouir ceux qui ſont en telles pen-

k ij

fees? Toute leur vie n'eſt elle pas vn ſuplice cõtinuel? Mais ie veux qu'ils ſ'en trouuét, qui euitent en ce monde ces tourmens-la. Quel peuple, pour ſi barbare qu'il ait onques eſté, a iamais douté qu'il n'y ait des enfers, qui les attende apres la mort, & où leurs peines doiuent eſtre d'autant plus rigoureuſes & horribles, qu'elles aurõt eſté differees à ce tẽps-la, & pour eſtre acquitees lors qu'ils en ſerõt plus ſenſibles? Leur tourment ne commence pas en ceſte vie, de peur qu'il ne finiſſe auec la vie: il les attẽd lors qu'ils ſeront en lieu, où ils les puiſſent retenir pour iamais. Et cela les meſchans le preſentent aſſez, & en donnent prou de marques. Car cõbien en voyõs-nous, leſquels auoient ſemblé auparauant viure auec vne grande sécurité & repos d'esprit, qui approchans de leur fin ont cómencé à se desesperer, demener & tourmenter, predisans les miseres qui les attendoient là bas ? Les meschans n'eschapent donc point les mains de la iustice diuine : mais quelques vns disent, qu'ils sont punis trop tard, & que la prouidence a tort de les supporter si long temps: car s'ils estoient chastiez des premieres fautes, ils ne commettroient pas puis apres les secondes. Il est fort aisé de satisfaire à ceste curieuse obiection: car quand la prouidence n'auroit autre occasion d'estre si lente à punir, que pour nous seruir d'exemple à ne rien precipiter, quãd il est question de iuger de la vie des hommes, elle auroit assez de raison. Pleust à Dieu que nous

k iij

feissions bien nostre profit de l'instruction, qu'elle nous donne en cet endroit: elle qui n'ignore rien, qui cognoist le fonds de nos pensees, ne va au iugement qu'à pieds de plomb, que deuons nous faire, nous qui aux choses plus claires ne voyõs goutte, & en celles que nous estimons les plus certaines sommes ordinairement trompez? Si nous prenions autant de loisir & de soing, pour iuger de la Prouidence, que la Prouidence en prend pour nous iuger, nous en serions mieux informés que nous ne sommes, & trouueriõs qu'elle ne fait rié qu'auec tres-grande iustice & sagesse. Mais elle a encore vn autre euidente occasion de ceste tardité: elle veut rendre les incorrigibles, inexcusables, & leur oster tout suiet de dire, qu'ils n'ont pas eu moyen de s'amender : & aux flexibles elle veut donner loisir de se recognoistre, & reuenir au port de salut. Il s'est veu beaucoup d'hommes au mõde, desquels si Dieu eust puny les premieres fautes à la rigueur, il eust estoufé de grandes, voire admirables vertus, qui depuis ont fleury en eux. Les premiers & plus chauds bouillons de la ieunesse iettent quelquefois leur escume, qui rend mesmes la vieillesse plus pure & plus moderee. Ce que le Poete Grec a voulu signifier, quand il a representé Vlysse, qui l'espee au poing contraignist Circé de luy rendre ses compagnõs, & les restituer à leur premiere forme : car il dit qu'elle les luy rendit plus beaux & plus purs qu'ils n'auoient iamais esté.

k iiij

Voulant nous faire par là entendre, que quand la raison, qui est signifiee par l'espee, contraint la volupté, qui est signifiee par Circé, de remettre les hommes à leur vray naturel, & les rendre à leur premiere perfection, ils deuiennent plus beaux que s'ils n'auoiët iamais esté souillés par les delices, & sont comme escurez par la terre & la lie du monde, dont ils s'estoient salis. Voulez vous encore vne autre raison de la tardiue execution des iugemens de Dieu cõtre les coupables? c'est qu'il n'a pas tousiours ses bourreaux prests: il ne punit les meschás que par les meschans: il attend quelquefois à chastier vn tyran iusques à ce qu'il se trouue quelque cruel & asseuré meurdrier, pour entreprendre de l'assasiner: quelquefois il attend la saison plus propre, à fin d'auoir plus de spectateurs de sa iustice, & que l'exemple en soit plus signalé : quelquefois il y veut garder des solennitez & des ceremonies, pour rendre l'acte plus celebre. Ainsi voulut il que Cesar fut tué dans le senat, duquel il auoit vsurpé l'authorité, & deuant la statue de Pompee son gendre, duquel il auoit si ambicieusement poursuiui la ruine. Ainsi voulut il depuis, que Brutus & Cassius se tuassent des mesines poignals, dõt ils auoiét tué Cesar. Mais de toutes les obiectiõs qui se font cõtre la prouidence, celle qui semble estre plus difficile à soudre, est, à mon aduis, que nous voyons bien souuent que les vns font la faute, & les autres en portent la peine, & comme disoit le vers de Solon,

k v

Souuent pour vn meschant Dieu perd vne cité:
le pere fait la faute, & le fils ou petit fils en sera miserable. Qui voudra aussi curieusement esplucher les effects de la Prouidence pour la defendre, comme lon fait pour la destruire, la difficulté sera bien aisee à resoudre: & en ce que lon veut arguer beaucoup d'iniquité, on y trouuera beaucoup de sagesse & de iustice. Car par ceste façon Dieu aduertit tous les hômes de veiller pour empescher le mal, & le chastier quand il est cômis : de peur que si lon attend qu'il y mette la main, il ne se prenne aussi bien à ceux qui l'ont permis, qu'à ceux qui l'ont commis. Que pensez-vous que la coustume qui s'obseruoit entre les Romains, de decimer les legiôs, voi-

re toutes les armees, qui auoient fuy, donnoit de courage aux bõs soldats pour tenir ferme, & mourir pluftoft glorieufement de la main de l'ennemy, que honteufement de la main d'vn bourreau? Qui eft-ce qui ne loue la loy, qui eft en Turquie, par laquelle les habitãs d'vne ville, ou d'vn bourg font tenus de refpondre du vol, qui a efté faict dans leur territoire? cela les rẽd fi diligens à y pouruoir, qu'on n'oit point parler qu'il f'y en commette. En naiffant en ce monde, en nous habituans aux villes & aux pais, nous contractõs vne taifible focieté, & nous obligeons enuers Dieu les vns pour les autres. Il eft le vray & premier feigneur de la terre, & de tout ce qu'elle contient: il nous la baille à iouir à tous en cõmun, à la charge d'estre gens de bien, à peine d'encourir la rigueur de son ire: pourquoy ne serons nous pas solidairement responsables des conditions, ausquelles il nous a donné tant de biens? Si nous auons contracté auec vn marchand d'vne compagnie, tous ses associez en sont tenus: si vne ville ou communauté nous doit quelque chose, nous faisons executer les particuliers. Si ceste pensee nous fust souuent venue en l'esprit dés le commencement de nos remuemens, & que nous nous fussions proposé, que nous auions à porter indifferemment la peine des insolences, brigandages & meschancetez, que nous auons veu commetre, & que nous auons nourry & fomenté par nostre indulgence, & (pour parler franchement) par noſtre laſcheté, lors que nous les pouuions aiſémét eſtoufer à leur naiſſance: nous nous fuſſions, ou ie me trompe, garentis de tant de maux qui nous tourmentent, & noſtre pais de la ruine qui le menace. Mais pendant que chacun a ſongé à ſauuer ſon particulier, le public a eſté abandonné à ceux qui l'ont voulu dechirer. Nous nous trouuons maintenant engagez ſous ſa cheute, & apprenons trop tard que le dire de Solon eſt ttop vray: Qu'il n'y a iamais ſerrure ny verrou, qui puiſſe empeſcher que le mal public n'entre dans les maiſons priuees. En vain celuy penſe il ſauuer ſa maiſon, qui laiſſe perdre l'eſtat. Il eſt bien dit certainement, Celuy qui trahiſt ſon pais, ſe liure ſoy-meſme. Reſpondons vn mot à ceux qui ſe

k vij

plaignent que les enfans portent la peine des pechez de leur pere. Ie ne sçay pourquoy ils le trouuét si estrange: veu que les loix ciuiles estendent iusques aux enfans la peine de ceux, qui sont condamnez pour crime de leze maiesté. Estimez vous la maiesté de Dieu moindre, que celle des Rois & des Princes du monde? & ne pensez vous pas que la mesme consideratiõ qu'ont eu les legislateurs, Dieu ne l'aye aussi, & qu'il ne desire contenir les meschans par la crainte de ce qui les peut dauantage esmouuoir? Tel n'est pas retenu par son propre mal, qui l'est par celuy qui est proposé à ses enfans. Nous sommes beaucoup plus affligez de leur misere, que de la nostre. A quoy peut estre mieux employee ceste charité paternelle du pere enuers ses enfans, que pour le lier plus estroittement à l'obeissance & seruice de Dieu, & le coniurer par le bien & par la fortune de sa posterité, à ne le point irriter. Or puis que toutes les afflictions que nous endurons, nous arriuent de la main de la Prouidence, nous arriuent iustement, nous arriuent salutairement; encore que bien souuent nous n'en compreniõs pas la cause, & n'en preuoyions pas la fin, si deuons nous nous y accommoder doucement, & honorer par nostre patience & humble silence, le saint iugement de celuy, qui l'a ainsi ordonné. Car comme és sacrifices d'Eleusine, à ce que recite Clemens Alex. les nouices & initiez demeuroient tout du long du seruice couchez par terre: aussi en ce grand temple du monde, durant le sacrifice que nous deuons faire continuellement à la sapience eternelle, en la contemplation de ses œuures, nous n'auons point de contenance qui nous soit si seante, que l'humilité, la recognoissance de sa grandeur & de nostre bassesse, de sa puissance & de nostre infirmité, de sa sagesse & de nostre temerité, de sa bonté & de nostre peruersité. Ployons donc volontairement sous son ordonnance, soit que nostre ville pour sa vieillesse & caducité ait à tomber par terre, & obeir à la loy commune des choses creées : soit que par le tour & vicissitude des affaires humaines, l'honneur & la magnificence, dõt elle a iouy si long temps, doiue estre transferé ailleurs: soit que la fin des siecles approche, & que la ruine commune, qui doit accabler toutes les parties de la terre, nous esbranle les premiers, & cõmence chez nous ce qu'elle doit estendre par tout : ou soit(& c'est ce que ie crains le plus)que Dieu vueille punir tout à vn coup tant de trahisons, de perfidies, d'assasinats, d'empoisonnemens, d'adulteres, d'incestes, de blasphemes, & d'hypocrisies, que nostre ville a couué depuis quelques annees, & notamment depuis trente ans en ça, acquiesçons à sa volõté, suiuons gayement vn si sage capitaine, & qui nous aime tãt. S'il nous meine aux coups, il nous meine à la gloire : si ce n'est que par les playes, elles seront honorables : si c'est par la mort, elle sera heureuse, pourueu qu'elle nous arriue en luy obeissant. Embrassons donc la constance, & nous plantons droits sur les pas de nostre deuoir, tournant tousiours le visage deuers l'aduersité: nous vaincrons estant surmontez, les coups qui nous fraperont, nous affermiront dauantage, nous lasserons & estonnerons le mal par nostre asseurance. Comme ce tant celebre Callimaque, en la bataille de Marathon, qui tout transpercé de fleches demeura droit, soustenu par les traits mesmes qui l'auoient tué: & donna tout mort qu'il estoit l'espouuante aux barbares qui l'estimoient immortel, de ce que tát de coups ne le pouuoiét faire tomber. Les afflictions qui sont portees constamment, & auec le contrepoix de la raison, nous entretiennent droits & fermes : & au lieu qu'autrement nous pancherions trop vers la terre, nous releuent vers le ciel. Car nous n'auons rien qui nous tefmoigne tant l'immortalité de nos ames, & face refplendir plus clairement l'efpoir de la vie eternelle, que le courage que nous donne la conftance : laquelle nous exhortant aux braues & genereufes actions, & à la patience, femble nous en propofer quãt & quant la recompenfe, & nous donner vn fecret refentiment du lieu où nous la deuons attendre. Qui n'eft pas en ce miferable & mortel monde, où tout eft plein de mifere & pauureté, & où (comme dit le Poëte Grec) la calamité fe promeine continuellement fur les teftes des hõmes : mais là haut au ciel en vne cité permanente, qui est le vray & naturel domicile de l'ame: & le port, où apres les flots & la tourmente de la terre, elle doit surgir & se reposer eternellement, pleine de resiouissance & de contentement, tels que luy peut donner l'heureux obiect & la sainte fruition de toutes les beautez & bontez du monde, puisees en leur pure & premiere source. Orphee acheua là son discours, mais encore qu'il se teust, nous ne laissions pas d'escouter, pensans que nostre silence l'inuiteroit à continuer: car nous ne nous pouuions assouuir de l'ouir. Il se leua le premier, & nous apres fort à regret. Et lors Musee luy dit, Ie m'attendoy, quand vous estes venu à toucher ceste derniere consolation, de l'esperáce que nous deuons auoir en l'autre vie, que vous nous reciteriez quelque chose des propos que ie vous ay autrefois ouy conter, que ce bon vieillard, qui tenoit le premier lieu en nostre Senat de France, aux mœurs duquel reluisoit la legalité Françoise, que nous aimions tant & honorions tous, tint à ceux qui l'allerent visiter le iour au-parauant qu'il mourut. Il y a tantost huit ans qu'il est mort, & le bon heur de la France auec luy. Ie pris si grand plaisir à ce peu que vous nous en distes lors, que tousiours depuis i'ay gardé ceste enuie de vous prier de me les reciter tout au long. Ie vous ay (respondit-il) dit tout ce que i'en sçauois : car ie n'arriuay que sur la fin de son discours. Mais voilà Linus qui fut tout ce iour-là auec luy, lequel pourra contenter voſtre deſir. Cela merite bien vne autre apres-diſnee, reſeruez-le à demain.

FIN DV II. LIV.

DE LA CONSTANce et consolation és calamitez publiques,

LIVRE III.

I'AVOIS autrefois tenu comme vn conte de vieille, ce qu'Homere escrit, Que ceux qui nauigent vers les Lotophages s'affriandent tellement du Loton (qui est vn plaisant & delicieux fruict) qu'ils ne se soucient plus de leur pais, & perdét l'enuie d'y retourner. Mais y repensant ces iours cy, i'ay commencé à soupçonner, que l'autheur de ceste fable a voulu par là, comme par vn mystere de l'ancienne sagesse, faire entēdre que les philosophes qui habitoient en ces quartiers-la, entretenoient les hommes qui y arriuoient de discours si doux & si agreables, qu'ils leur faisoient oublier leurs propres & particulieres affections, par la contemplation des choses celestes & diuines. Ce que i'ay iugé par exemple fort faisable : car i'ay trouué mon esprit tellement alleché & allegé par les deux apres-disnees passees, que ie n'auois plus aucun autre soin ny souhait, que de reuoir ces honnestes gens-la, & iouir à cœur soul de leur tant douce compagnie, & agreable consolation. Ie vous iure, qu'apres les auoir ouy il me sembloit que i'auois changé de fortune:

fortune: & que comme Cenee de fille deuint garçon, ainsi de pusillanime & effeminé i'estois rendu constant & courageux, & de miserable quasi heureux. Tant a de puissance sur nous la parole & le discours, animés d'vne viue raison, à changer nos opinions, & auec nos opinions nos passions. Ie croy, que comme en la musique ceux qui chantét ont autant, voire plus de plaisir, que ceux qui escoutent: aussi ces sages personnages-la auoient remporté de ceste conference le mesme contentement que moy. Car ils reuindrent tous le iour d'apres, mesme deuant l'heure: de façon que sans beaucoup de ceremonies, nous nous remismes comme nous estions les iours d'auparauãt. Lors prenant la parole & m'adressant à

DE LA CONST. ET

Linus, Orphee (luy dy-ie) vous engagea hier à nous reciter auiourd'huy les derniers propos, que tint auant son decez à ses amis ce celebre personnage, que nous auons tant aimé en sa vie & tant regretté à sa mort. Ie voy biē que vous venez disposé pour le faire: mais vous auriez, ce me semble, trop bon marché de ne contribuer à ceste cōpagnie, que vostre simple memoire, nous meritons bien pour l'amitié, dont il vous plaist nous honorer, que vous nous donniez quelque chose de vostre inuention. A la verité ce discours qu'Orphee nous a promis de vous, seroit bien vne belle piece, & qui se ioindroit fort proprement à ce qu'il nous a dit de la Prouidence: toutefois puis que ie suis icy comme vn malade entre les medecins, soyez moy vn peu indulgens en cela. Et auant que d'entrer en ceste matiere, dõnez moy ie vous prie vostre aduis sur quelques doutes, qui me sont entrez en l'esprit depuis auoir ouy Orphee : & puis vous nous continuerez, s'il vous plaist, ce que nous vous auions hier demandé. La piece que vous nous apportez, est si belle, que ie m'asseure qu'elle conuiendra bien à quelque endroit qu'on l'a vueille appliquer, & peut estre mesmes trouuerez vous qu'elle pourra seruir à la resolution de que ie vous veux maintenant proposer. Ie suis à la verité cõtraint de confesser, que ceste sage Prouidence gouuerne tout en ce monde, que de son ordonnance decoulent les heureux & sinistres euenemens

l ij

des affaires, & que rien n'arriue que iustement, mesmes és conuersions des estats, & ruine des villes,& des royaumes. Mais aussi il me semble,que de là on peut inferer, que puis que nous ne pouuons empescher que ce qui est ordōné là haut n'aduienne : en vain roidissons nous les bras contre le torrēt,& quand nous voyons que nostre estat a pris son coup, en vain presentōs nous l'espaule pour le soustenir, en vain auec tāt d'efforts resistōs nous à ceux qui en sapēt les fondemés,en vain sommes nous empeschez quel party nous deuons prendre. Est-ce pas & le plus seur & le plus sage, de prēdre celuy du Destin,& suiure la Prouidence, quād nous cognoissons son inclination? ou en tout cas, ne nous vaudroit-il pas mieux reposer que d'estre continuellement à monter & remonter ceste pierre, qui doit aussi bien retomber quãd nous l'aurons releuee? Certainement i'ay veu les plus sages de nostre temps fort empeschez là dessus, voyans le party le plus iuste estoufé par le plus fort. Les vns emportez de leur courage, se sont genereusement opposez à tout ce qui s'est presenté d'iniuste, & cõme de propos deliberé ont faict bris contre la force : les autres ont cõme font les mariniers, prudemment louié, quand ils n'ont peu rien auancer, & euité en relaschant, les hurts qu'ils ont iugé ne pouuoir franchir sans naufrage. Ie desire sçauoir de vous, lesquels nous deuons imiter : & si lors que nous voyõs que les contentions de la vertu contre la vio-

l iij

lence, sont inutiles au public, & dommageables & funestes à nostre particulier, nous nous deuõs entierement retirer des actions publiques, & du maniment des affaires: ou si la vertu doit mesmes parmy les plus rudes tempestes, tenir opiniastrement sa route, & se laisser plustost accabler que reculer: ou bien s'il y a point quelque chemin moyẽ entre vne obstinee austerité, & vne honteuse seruitude, par lequel vne innocente prudence puisse eschaper de ces tẽpestes ciuiles, & precipices qui nous enuironnent de tous costez, pour seruant au public autant que nous en auons de moyen, couler ceste vie mortelle, attendant l'heure qui nous appellera à ceste autre immortelle. A ce que ie voy, dit Linus, ce sera icy côme és festins des Princes, ceux qui traittent les premiers en ont le meilleur marché : la despence croist, & la magnificence s'augmente pour les derniers. Mais puis que vous venez sans semondre, & que vous me surprenez, ie vous traitteray en amis à mõ ordinaire, plus pour satisfaire à vostre volonté, que pour esperance que i'aye de manier dignemẽt vn si fascheux suiet sans m'y estre preparé.

I'ay eu autrefois le mesme doute que vous, & me sembloit au commencement que c'estoit le plus sage & le plus seur de ceder à la violence, & faire, comme vous dites, voye au destin. Pource que s'est peine perdue de se tourmenter apres ce que lon desespere de pouuoir obtenir. L'esperance est celle seule, qui anime & viuifie

I iiij

noſtre trauail. D'eſperer contre la prouidence ce n'eſt pas simple folie, c'eſt vne double fureur. Mais comme il aduiét ordinairement, que les choſes que nous voyons de loing, nous ſemblent tout autres, que nous ne les trouuons quand nous en approchons: auſſi ſondant & approfondiſſant ceſte propoſition, qui en ſa premiere apparence me ſembloit ſage, voire ſaincte & religieuſe, ie l'ay trouuee imprudente, voire impie, & ay cognu que ce n'eſt qu'vne molleſſe d'eſprit, qui nous veut retirer du labeur, & du ſoleil pour nous mettre au repos & à l'ombre. Ce qu'elle fait auec des pretextes fort aiſez à decouurir à celuy, qui voudra hardimét tirer le rideau, pour voir à nud la verité. Pourquoy diſons nous qu'il nous faut tenir les bras croisez és calamitez publiques, de peur de nous opposer à la prouidence & au destin? Il y a Prouidence, il est vray : il y a Destin, ie le croy, & ne pouuons empescher leurs effects. Mais ie vous prie, que sçauõs nous ce que veut faire la Prouidence ? comment pouuõs nous deuiner ses conseils? D'autant plus qu'elle est certaine & infaillible en ce qu'elle veut, d'autant plus sommes nous incertains & ignorans de ce qu'elle veut. Dieu a enuelopé l'aduenir d'vn espais nuage, impenetrable aux yeux de nostre foible entendement: sagement certes & à propos pour nous. Car l'asseurance que l'homme eust eu des biẽs qui luy doiuent arriuer, l'eust tenu en telle inquietude, & luy eust haussé le courage de telle façon, qu'on

l v

ne l'euſt peu contenir en ſon deuoir : & la certitude du mal qui luy doit aduenir, l'euſt mis en telle anxieté, & luy euſt fleſtry le courage de telle ſorte, que l'on ne l'euſt ſceu releuer. Puis donques que les choſes futures nous ſont ſi incertaines, & que nos eſperances & nos craintes nous trompẽt egalement, quel pied pouuons nous prẽdre pour nous reſoudre ſur la crainte de l'aduenir à abandonner noſtre deuoir preſent? Dieu a reſolu, dirons-nous, de ruiner noſtre ville, nous en voyõs beaucoup de ſignes : voyla des meſchans & ambitieux qui renuerſent l'ordre, les loix & la police, ie les laiſſeray faire : car auſſi bien ne gaigneray-ie rien de m'y oppoſer. O laſche & molle voix! Qui eſt-ce qui vous a rendus ſi sçauans en peu de temps, & vous a faict entrer au conseil de Dieu pour entendre son dessein ? L'incertitude des choses humaines ne nous a elle pas encores appris, combien celles que nous estimons les plus fermes, sont les plustost esbranlees & renuersees? & celles que nous croyons à deux doigts de leur ruine, redressees & raffermies tout d'vn coup ? Et neantmoins quand nous serions tout asseurez de ne pouuoir sauuer nostre pais, le deurions nous pour cela abbandonner ? Nous n'abbandonnons pas les malades frapez de maladies incurables : ce n'est pas peu faire, ce me semble, que de rendre la mort douce à ceux à qui elle est ineuitable, & leur appliquer des remedes lenitifs & palliatifs, quand les autres n'y peuuent rien profiter. Il y a mesme quelque grace à bié mourir, & tient on pour office d'amitié de fermer les yeux à ses amis, & leur composer les membres à la mort. Quand nous ne pourrōs faire autre chose, pourquoy ne rendrons nous pas ce dernier deuoir à nostre pais? Et moins donques le deuons nous delaisser és grands remuemens, seditions, & calamitez publiques: le mal n'est iamais si grand, qu'il faille desesperer du salut. Mais ce qui est en tel cas plus difficile à resoudre, c'est sçauoir si on doit prendre necessairement le plus iuste parti & lé suiure, ou si lon se peut tenir coy en celuy, dans lequel on se trouue enuelopé, attendant l'occasion de moyenner la reconciliation de tous les deux, & de ramener ceux qui se sont deuoyez, à la recognoissance de leur faute, & au desir de leur deuoir. Car de sçauoir si lon doit aider ou seruir le party que lon cognoist iniuste, cela ne gist point en deliberation, sinon parmy ceux qui n'ont ny vertu ny conscience. Ie croy que la loy de Solon estoit pleine de prudence & de sagesse, laquelle ordonnoit qu'és diuisiõs chacun prist incontinent party : pource que de deux factions y en ayant ordinairement vne iniuste, & qui entreprent iniurieusemēt sur l'autre, le citoyen est inexcusable qui quitte le party des loix & du salut public, pour se rendre spectateur de la ruine de son pais. Mais i'estime que cela se doit entendre du commencemēt des remuemens, lesquels il est fort aisé d'estoufer

I vij

à leur naiſſance. Que ſi le Prince, ou celuy qui gouuerne ſous ſon authorité, laiſſe par ſa negligence gaigner ce venin de ſedition, & former vn party ſi fort, qu'il s'empare de l'eſtat, & de la ville où nous ſommes, & qu'en en ſortant nous ne puiſſions y apporter de remede, ains ſeulement teſmoigner noſtre volõté enuers le prince, ou le public: ie penſe qu'il y a en ce cas beaucoup de raiſons qui nous peuuent excuſer d'y demeurer, ores que nous eſtimions iniuſte & ſeditieuſe la factiõ qui gouuerne. La premiere eſt la neceſſité, quãd nous y ſommes retenus par force: car celle-la n'a point de loy. La ſeconde eſt vne loy commune des affaires du monde, qui veut que lon cede à la force, où elle eſt eſtablie. Comme la vertu nous commande de souhaitter les choses bonnes, ainsi nous conseille elle de supporter les autres, qui arriuent malgré nous : & de rabattre mesmes quelquefois de l'amour que nous auons à l'estat, & de ce que nous deuons aux loix, à fin de ne nous perdre point mal à propos. Et cela qui le pourra trouuer estrange, puis que ce seuere & incorruptible Caton l'a ainsi iugé, lors que partant de Syracuse pour aller trouuer Pompee, il conseilla aux Siciliens d'obeir à Cesar, qui s'estoit redu maistre de l'Italie? La troisiesme, quád tous nos biens & moyens sont au lieu de nostre demeure, & qu'en sortant nous tomberions en vne extreme pauureté : car bien que la pauureté ne soit pas excuse receuable, pour nous faire

faire chose meschante, si est-ce que la crainte d'icelle nous doit aucunement excuser, si nous ne faisons tout ce que la rigueur des loix peut desirer de nous. Et ce principalement en ceste saison, où les gens de bié ne trouuent faueur ny support qu'en leur bourse : & où la pauureté, & ceux qui en sont touchez, sont fuis de tout le monde comme la peste. Mais la plus legitime excuse ie l'ay estimee de ceux, qui en telles récontres se trouuent attachez aupres de peres & meres vieux, ou valetudinaires, ou aupres d'vne femme & d'vn nombre d'enfans. La pieté & affection naturelle dispense de beaucoup de choses côtre la rigueur des loix ciuiles. Et bien que la loy die, que pour la querelle du païs nous ne deuons espargner ny pere ny enfans, & qu'elle semble en ce cas vouloir de propos deliberé entamer le droit de nature : si se doit elle au moins entendre, quand abandonnant ceux ausquels la charité nous lie si estroit, nous pouuons seruir de quelque chose, & faire quelque effect qui profite autant à la pieté publique, comme il offense la domestique. Ces considerations-la ont retenu, comme vous voyés, parmi nous beaucoup d'honnestes gens, qui portét auec vn extreme regret & ennuy la veüe de ceste miserable cõfusion cy, & qui eussent desiré plus que chose du mõde, en estre hors, s'ils eussent pésé l'estant, pouuoir seruir de quelque chose au public: mais d'abandonner ceux à qui ils estoient necessaires icy, pour aller là n'estre qu'à charge au Prince qui les rappelloit, ils ont estimé ne le pas deuoir faire. Or estans enfermez en ce vaisseau, comme nous nous y sommes trouuez quelques vns à leur malheur, tenant des charges publiques, nous auons esté contraints de dissimuler beaucoup de choses piteuses, à dire vray, côtre les loix de l'estat, & le deuoir de nos offices. Souuent i'ay disputé en moy-mesmes, s'il ne falloit pas, quand telles occasions se presentoiēt, s'opposer courageusement au mal, & plaider la cause de la iustice auec le hazard de sa vie. Apres en auoir veu quelques vns se perdre en le tentant, i'ay trouué veritable le dire d'vn ancien, que le commencement de toutes les vertus c'est la prudence : que c'est elle qui, comme la guide, doit marcher deuant, & faire ouuerture aux autres, & qu'où elle n'est point, elles demeurent comme aueugles: & d'autant plus qu'elles se hastét & s'efforcent, d'autant plustost chopent elles, s'offensent, & offensent ceux sur lesquels elles tombent. Donc en tout ce que nous entreprenons, apres auoir consideré si la fin en est iuste, nous deuons examiner les moyens que nous auons de l'effectuer, & ne nous pas perdre à credit. Et quád nous n'auons pas le moyen de faire tout ce que le salut public desireroit de nous, tascher à faire dextrement le mieux que nous pouuons. Or croy-ie qu'en l'estat où nous sommes tombez, il n'a rien resté aux gens de bien, qu'ils peussent faire pour s'acquitter de ce qu'ils deuoient à leurs charges, que de rompre par beaucoup de doux & gracieux moyens, beaucoup de mauuaises & dangereuses entreprises, & allentir par artifices le cours de la violence, qu'ils ne pouuoiét du tout arrester. Car comme ceux qui se sont prostituez aux nouueautez, & ont serui de leur esprit la passiõ des autres, sont inexcusables deuant Dieu, & deuant les hommes : aussi n'estimé-ie pas louables ceux, qui voyant la force establie se sont perdus de gayeté de cœur. En quelque condition que soit reduit nostre pais, il a grand interest d'auoir des gens de bien, qui se conseruent en reputation de n'estre point contraires au peuple : à fin que l'occasion se presentant de donner vn bon conseil, ils le puissent faire, & auec vne main gracieuse & non redoutee & sonder & souder les playes des dissensions ciuiles. Vn chasteau quelquefois qui se maintient, donne moyen de recouurer toute vne prouince : & vn sage & aduisé citoyen se conseruant en credit en sa ville, sera peut estre la semence du repos public. Car comme la santé reuiẽt au corps malade par le moyen des parties saines, qui gardent entiers les principes de la vie : aussi en vne ville la paix & la concorde se restablit par l'esprit modeste & non passionné du bõ citoyen. Il n'est pas croyable combien d'admirables & salutaires effects ont produict entre les peuples, les seuls visages de ceux qui auoient reputation d'estre iustes & entiers, & aimer le bien public : mais il faut que ce soit auec l'occasiõ. C'est le temps qui assaisonne les conseils. Il y a vn certain moment aux affaires, lequel si vous ne prenez à propos, en vain vous tourmentez-vous pour en penser venir à bout. Ce qui s'obserue principalement en ceux qui ont à manier les esprits des peuples aigris. Marc Aurele le philosophe dit en vn endroit du liure mal intitulé de sa vie, que les mauuaises opinions sont des abscez en l'esprit de l'homme. Si ce sont des abscez, ils les faut de necessité laisser meurir, auant que les ouurir : autrement le fer y mettra le feu, & en les entamant on augmentera le mal au lieu de le guarir. Il faut dire la verité, ce sont estranges bestes que peuples, c'est vn hazardeux mestier que de les vouloir manier, quand ils ont vne fois secoué le ioug des loix, & pris aux dêts le frein de la liberté, ou pluftoft de la licence. Tous ceux qui l'auront experimenté vne fois, n'eftimeront rien vne autre la perte de leurs biens, pour euiter vne telle & si inconsideree fureur. Mais il y a des choses en ce monde, qui ne s'apprennent que par l'experience, qui eft vne chere & dangereuse maiftresse. Donques celuy qui par necessité, ou par vn honnefte deffein de fecourir fon pais, fe fera laiffé enuelopper dans vn party illegitime, tout ce qu'il peut faire c'eft d'obferuer toutes les occafions qui fe prefentent de flechir doucement les volontez de fes concitoiens, à recognoiftre leur bien, & à le defirer. Ce qu'il pourra aisément faire par vne moderation & demonstration de ne rechercher que leur profit, leur coulant la raison en l'esprit par la parole, & les ramenant par discours peu à peu à ce qui est iuste. En quoy il faut qu'il imite le vin, qui du cōmencement par vn goust friand & delicieux, inuite les personnes à en vser, puis se meslant parmy leur sang, & eschaufant petit à petit tout le corps, les assoupit & se rend maistre d'eux. Car en fin il faut faire estat, que toutes grandes affaires ne se meinent à bout, qu'auec la douceur & la patience. Dont la Nature nous donne vne belle instruction, produisant toutes choses, pour si grandes & excellentes qu'elles soient, par vn mouuement insensible. Et cela doit il principalement essayer à

l'endroit

l'endroit de ceux qui ont plus d'authorité : pource qu'ils sont comme fonteines publiques où se puisent les conseils qui perdent ou sauuent les estats: le goust que ceux-la prennent se respand puis apres aisément és esprits des autres. Il profite beaucoup aussi quand on le pratique à l'endroit de ceux qui parlent ordinairemét au peuple : pource que ce sont les canaux par lesquels se distillent les affections, dont le vulgaire s'abreuue, & dont il est puis apres poussé à de bonnes ou mauuaises actiõs. Mais deux choses ont empesché de nostre temps les honnestes gens de les pouuoir aborder. La premiere que comme gés nouueaux & non experimentez aux affaires, ils se laissoient aisément imprimer telles opinions,

m

que vouloient ceux qui les auoiét les premiers preuenus : & se paissoient volontiers de vaines esperances, sur lesquelles ils bastissoiét des chimeres en l'air. L'autre, qu'il leur est aduenu ce qu'on dit ordinairement, Que ceux qui pechent par art, pechent bien plus griefuement: car ils pechent plus opiniastrement, & se defendent de la science contre la raison. Ils ont voulu reduire le gouuernement politic, qui consiste en vne prudence particuliere, sous des regles generales, & en faire vne science vniuerselle: & ainsi appliquant les regles où il falloit appliquer les exceptions, ils ont peruerty le iugement de toutes choses. C'estoit vn plaisir que de les voir discourir, ils faisoient comme les mauuais mathematiciens, qui presupposant vn angle droit, ou quelque figure autre qu'elle n'est, font là dessus des demonstratiõs necessaires de choses qui ne sont, & ne peuuent estre du tout. Car en argumentant, depuis que vous auez accordé quelque chose de faux, on vous en tire des consequences estrangement absurdes. La formule d'argumenter de ce temps a esté, cela sert pour la conseruation de la religion, il le faut donc faire. Or la premiere partie de l'argumét, qui estoit suiette à estre niee, & prouuee, & qui le plus souuent n'estoit pas seulement douteuse, mais mesmes euidemment faulse, estoit tousiours posee pour indubitable, & quelquefois en faisoit on vn article de foy. Les choses qui se proposoient, estoient de celles

m ij

qui se deuoient examiner par vne grande & meure prudence, par l'exemple des effects qu'ont produit semblables affaires, & où il falloit considerer le temps, les momens, les volontez des hommes, & mille autres circonstances. Toutefois ceux qui n'auoient ny l'experiéce des choses passees, ny la cognoissance des presentes, ont esté ceux qui se sont attribué l'authorité d'en iuger. A tous les inconueniens que lon leur a representé, à tous les mauuais succez que lon leur a predict qui arriueroient de leurs precipitez cōseils, on n'a eu autre responfe, sinon que Dieu y pouruoiroit. Cōme si Dieu eust esté assis là haut expres, pour obseruer leurs passions, & accommoder le reste du monde à leurs desseins, & non pas eux posez ça bas, pour obseruer la volonté de Dieu par la disposition des choses & euenemés des affaires, pour s'y accommoder & paruenir à leur fin, ou en approcher le plus pres qu'ils pourroient par des moyens faisables & ordinaires. Si tost qu'il voyoiét vn chemin vn peu long & fascheux, ils s'attachoient des aisles de cire, & se iettoiét en l'air pour paruenir où le desir & la peur les tiroient : aussi est-il aduenu, que leurs aisles se sont fondues au soleil, & sont tombez, & en tombant ont tiré apres eux leurs citoiens en vne mer de maux & de miseres. Ie ne voudrois pas à la verité blasmer l'intention de tous, pour en auoir cognu d'entre eux qui estoient transportez du zele de leur religion : mais ie doute si

m iij

deuant Dieu leur volonté leur seruira d'excuse, d'auoir entrepris chose si importante, & à laquelle ils n'entendoient rien. Car si les loix ciuiles condamnent celuy qui s'ingere de faire vn mestier qu'il ne sçait pas, & le font respõdre de toūt le dommage qu'aporte son imperitie : ceux qui, comme par force, ont entrepris le gouuernement, & par leur faute nous ont ietté en tant de dangers, ne seront-ils point responsables de tant de morts, de tant de bruslemens, de tant de pillages, de tant de violemens, de tant de sacrileges, de tant de blasphemes, qui sont venus à la suite de leurs mauuais & incõsiderez conseils? Ie prie à Dieu qu'il le leur vueille pardonner, mais ils sont cause de beaucoup de maux: & nous donnent bien suiect de dire de nostre estat, ce qu'vn ancien a dit du sien, La chose publique s'est perdue plus par les remedes, dont elle a esté pensee, que par son propre mal. Hé quoy? me direz-vous: les gens de bien se taisoient-ils lors? que ne remõstroient-ils vertueusement ce qu'ils pensoient estre du bien public? que ne s'opposoient-ils à toutes ces indiscretions-la? Helas il n'y a en telles choses empeschez que ceux qui y sont! Souuent voyant ce miserable gouuernement, & la perplexité où estoient les gens de bien, m'est-il souuenu d'vne histoire, qui est arriuee de nostre temps en ceste ville. Il aduint en vne hõneste maison, qu'vn Singe que lon y nourrissoit par plaisir, alla prendre vn petit enfant au ber-

m iiij

ceau, & le porta au feſte de la couuerture: incontinent qu'on ſ'en apperceut, le pere & la mere accoururent tout tranſis, pleutãs & ne ſçachans que faire. Car de crier ou courir apres le Singe, il euſt laiſſé tomber l'enfant, qui ſe fuſt rompu cent fois le col: ils attendoient donc ſans mot dire, & regardoient piteuſement les larmes aux yeux, & tous tremblans de frayeur ce qui en deuoit aduenir. Il arriua, & ce fut vne grande grace de Dieu, que le Singe redeſcendit tout doucement, & reporta l'enfant où il l'auoit pris. Nous auons eu, & auons les meſmes ſueurs, & auons veu, & voyõs encore noſtre religion & noſtre pauure eſtat entre les mains d'eſtranges gens, & merueilleuſement eſtourdis, qui ſ'en iouent,

& les tiennent pendus en l'air du bout des doigts, & prests à les precipiter au moindre estonnement. Au moins pleust-il à Dieu, mais ie ne l'ose esperer, qu'à la fin ils nous fissent le tour du Singe, & nous remissent où il nous ont pris au commencement. Certainement ie pense, que les honnestes gens sont fort excusables, si voyāt de si chers gages entre leurs mains, le precipice où il les auoiēt portez, & leur naturelle imprudence, ils les ont regardé pour vn temps sans mot dire. La premiere faute a esté en ceux, qui dés le commencement leur ont permis se saisir & emparer de l'estat : la seconde, que lon nous voudroit imputer, n'a esté que la suitte necessaire de l'autre, aussi excusable cōme la premiere est blasmable.

m v

Non que ie vouluſſe par là defendre ceux, qui au fort du mal meſme par vne trop grande crainte ſe ſont touſiours laiſſez aller du coſté, où ils ont veu la force & la violence tirer : car ils ſont en partie cauſe, que nos maux ſont deuenus incurables. Et ſe peuuent auec raiſon accomparer aux fardeaux mobiles, qui ſont dans vn nauire, leſquels roulant touſiours du coſté, dont le vaiſſeau panche, ſont cauſe quand la tempeſte arriue, de le faire renuerſer. Entre trop & peu demeure meſure: il y a difference entre rompre ou ployer. Comme lon peut faillir par vne obſtination & importune ſeuerité: auſſi fault on dangereuſement par vne grande laſcheté & ſupine conniuence, & par vne façon de biaiſer, par laquelle on abandon-

ne du tout la iustice sous pretexte de suiure la prudence. Et pour vous dire librement i'ay veu vn grãd nombre de gens, qui se sont precipitez par ceste fenestre-la, & tousiours biaisant biaisant se sont en fin trouuez aussi esloignez du deuoir d'vn bon citoyen, comme ceux qui s'estoient iettez au mal tout à coup: & ont descendu aussi bas degré à degré, cõme les autres qui s'estoient d'vn plein sault lancez à la confusion. Il est fort dangereux à ceux, qui n'ont pas la force ou l'adresse de s'arrester quand ils veulent, de se commettre à vne droite vallee: il faut que ceux qui laissent le grand chemin pour prendre les destours, sçachẽt bien le pais, autrement ils s'esgarẽt fort aisément. Toutefois pour ce que ceste prudence, qui cede dou-
m vj

cement à ce qu'elle ne peut vaincre, peut profiter en beaucoup de rencõtres, semblables à celles qui nous sont arriuees, quand on en vse auec iugemẽt & moderation: ie vous diray les bornes que ie luy voudrois planter. Ce seroit premierement de ne iamais dissimuler au commencement des remumens, ni cõsentir à chose iniuste, & qui fut contre les loix, pour si petite qu'elle peust estre : au contraire voudrois-ie que lon s'y opposast, mesmes auec la viue force, tãt qu'il y a moyen, que le hazard est cõmun, & qu'il y a esperance & apparence qu'en hazardant, la raison peut auoir le dessus. C'est vn grãd erreur, dont beaucoup de gẽs sont coiffez, de penser qu'il ne faut riẽ hazarder en vn estat : souuent pour ne vouloir rien auanturer pendant que lon est fort, on se laisse reduire à tel poinct qu'il faut auanturer foible, & rendre tres-douteux ce qui ne l'estoit que bien peu. La fortune, s'il faut ainsi parler, ne veut pas que nous pensions pouuoir tout asseurer par la prudence: il y a beaucoup de choses où elle veut auoir part, & que l'on luy doiue la grace de l'euenement. Mais c'est le principal que de mettre le droit de son costé: & cela fait, auec toutes les considerations & tous les auantages que lon peut prendre, tenter le hasard, & commettre tout à ceste souueraine puissance de Dieu, qui donne aux affaires telle issue qu'il luy plaist. Si les choses sont venues si auant, & passees à si mauuais termes, que la violence culbute les loix, & la force l'emporte par dessus la iustice, ie ne voudrois pour cela iamais consentir à vne chose iniuste, sinon pour en euiter vne plus mauuaise, & plus iniuste, qui autrement en aduiendroit. Or la reigle que ie voudrois qu'on tint en ce cas, c'est qu'en ceste comparaison de maux, & crainte d'vn pire, nous n'y contions iamais le nostre particulier, pour le comparer au public. Car celuy qui par crainte du mal particulier, dont on le menace, se rend autheur ou ministre de la calamité publique, n'a rien qui le puisse excuser. Mais il faut iuger auec soin & prudéce, si le plus grand mal que nous craignons qu'il n'arriue au public, se peut point autrement escheuer: s'il ne se peut en ce cas composer auec la violence, c'est faire ce qu'on feroit sur mer en la tourmente, & faire iect d'vne partie de la marchandise pour tascher de sauuer le reste. Rarement ceux qui gouuernent des estats troublez, sont ils empeschez à choisir de deux biens le meilleur, mais bien souuét à elire de deux maux le moindre: le bon ne s'y iuge tel, que par comparaison du pire. C'est pourquoy vne inflexible rigueur ne seroit pas opportune en ces occasions-là, & allumeroit plustost la fureur d'vn peuple licencieux, qu'elle ne l'assoupiroit. Et pourtant y a-il, peut estre, lieu lors d'imiter le Soleil, qui va bien tousiours de l'Est à l'Ouest, mais en biaisant tantost vers le Nort, tantost vers le Sud, de peur que demeurant ferme sous vne mesme ligne, il ne seiche & brusle ce qu'il ne doit que fomenter, & doucement eschaufer. Le bon citoyen doit bien auoir pour son but, le salut public & la iustice, dont il depend. Mais quand le chemin ordinaire ne l'y peut amener, si faut-il qu'il s'y conduise par celuy qui reste le plus commode. En vain se seroit-il proposé la conseruation de son païs, s'il le deuoit perdre par les remedes, par lesquels il le veut sauuer. Car les affaires & les conseils se mesurent principalement par la fin. Voilà ce me semble, ce que peut faire vn bon citoyen en public: en particulier, la saison luy donne beaucoup de belles occasions de bien faire. Il a premierement à consoler ses parens, ses amis, ses voisins, & selon que les degrez d'affection le conioignent de plus pres à chacun d'eux, les assister, leur donner courage, les conseiller à la conduite de leurs affaires, les defendre de l'iniure d'autruy, les secourir en leurs necessitez selon qu'il en aura le moyen. Qu'il se leue si matin, & se couche si tard qu'il voudra, la iournee ne sera iamais assez longue pour satisfaire à tous les offices, ausquels la misere d'autruy l'appellera. Qu'il mette la main à quelque endroit qu'il voudra, il y trouuera vne playe à penser: ce piteux & calamiteux temps ne laisse rien de sain ny d'entier. Icy l'appellera le vefuage de sa sœur, de là l'orbité de son frere, de l'autre costé le brigandage fait à son amy, en vn autre endroit la prison de son parent, de deça le dāger de son voisin, pluftost trouuera-il icy vn lieu vuide d'air, que de mal. Mais sans sortir de sa maison il aura prou de sujet d'employer la vertu, & faire office de bon citoyen. Car qui est celuy-là si heureux, qui n'a esté touché durant ce temps de mille sortes d'afflictions? qui n'a point senti les dents venimeuses de la calomnie, que les yeux bigles de l'enuie n'ont point regardé, que le brigandage public n'a point atteint, & qu'en tout cas la desolation du païs n'a despouillé de ses biens, & enuoyé nud comme vn homme eschapé du naufrage? C'est là qu'il se faut monstrer homme, & faire paroistre que la vertu ne consiste pas en paroles, mais en belles & genereuses resolutions. Il faut premieremēt que le bon citoyen porte lors patiemment ses afflictions, faisant vn bon & religieux iugement de la Prouidence diuine, sans laquelle vous auez entendu que rien n'arriue icy bas : & qu'il recognoisse que son infortune est sa part & portion contingente de la societé humaine, au mal commun de laquelle il doit participer volontairement, comme il a fait & feroit au bien s'il arriuoit. Secondemét ie desire que ceste patience-la ne sieje pas seulement en son cœur, mais mesmes qu'elle reluise sur son front, tant pour porter tesmoignage d'honneur à la vertu, & monstrer ce qu'elle peut côtre le malheur, que pour seruir d'vn miroir bien poli, sur lequel ses côcitoiens puissent côposer & compasser leurs actions, côme sur vn beau & parfait patron. C'est en tout temps chose fort louable & glorieuse, de seruir aux siens d'exemple de bienfaire: mais cest chose fort vtile & fructueuse en vn teps calamiteux & miserable, de leur seruir d'exéple de patiemment endurer. Côme le premier heur est d'euiter le mal, le second est de ce porter constamment. Or ne veux-ie pas icy entrer à discourir les raisons, qui nous excitent à ceste constance la, qui nous la persuadent, voire qui nous y forcent, si nous voulons demeurer hommes. Ce que Musee & Orphee en ont dit deuant moy, est plus que suffisant: toutesfois s'il falloit mettre toutes les raisons à la balance, i'estimerois que celle qui est demeuree derriere, & qu'Orphee n'a fait qu'effleurer, emporteroit toutes les autres ensemble. Car ceux qui se seront vne fois bien persuadez que la mort n'eſt que le paſſage à vne autre plus heureuſe vie, ne la craindront plus : que ſi la mort outre laquelle ne ſ'eſtendent ny l'empire de la fortune, ni les menaces des loix, ne les eſtõne point, que feront les iniures & menaces des hommes, qui ne ſont que les mains de la fortune, & les inſtrumens des loix? Et au cõtraire ceux qui ne le croiront pas, quels preceptes leur peut on donner, quelles raiſons alleguer, qui les puiſſent conſoler en leurs calamitez? Car biẽ que vous leur monſtriez que les afflictions nous arriuent de droit commun, par la loy de la nature, & non par l'iniure de ceſte pretendue fortune, & que rien n'aduient que par l'ordonnance de la Prouidence diuine, cela ne ſoude pas la playe, qu'ils reçoiuẽt en leur cœur, de voir que l'innocence soit vn suiet de misere & de tourment. Si vous ne leur faites rien voir de plus loin, que cest espace qui est enfermé entre leur naissance & leur mort, comme entre deux bornes, ie ne voy point pourquoy ils doiuent quitter les douceurs du monde, pour enfieler leur vie de ceste aspre & amere vertu. Ie ne voy rien pourquoy l'homme ne se doiue courroucer contre la nature, de l'auoir rendu le plus miserable & calamiteux animal de tous ceux que le soleil voit: & se mocquer de ceste vertu qui luy propose tant de peines & de trauaux sans aucune recompense. Nous auons, disoit Platon, deux grands démons, qui nous auancent & nous retirent en nos actions, le loyer, & la peine : or ne voy-ie pas que nous les puissions trouuer en ce monde, où la plus part du temps les bons sont affligez, & les meschans à leur aise. Il faut donc pousser plus auant nos esperances, & les faire passer outre les bornes de ceste courte & chetiue vie, & cognoistre que la mort est le premier de tous nos vrays biens, & l'entree de nostre heur & felicité. L'homme n'est pas seulement mortel, comme a dit quelqu'vn, à fin qu'il y eust quelque fin à sa misere, à fin que les bons soient louez sans enuie, & les meschás blasmez sans crainte, à fin que les richesses soient cõtemnees, comme inutiles apres elle : mais principalement à fin que les bons soient perpetuellement heureux, & les meschans perpetuellement mal-heureux. C'est là la consolation qui addoucist nos trauaux, & nourrist nostre patience, de l'esperāce, ou plustost asseurance d'vne vie sans fin, & sans borne, qui nous attend quand nous sortōs d'ïcy, à laquelle pleust il à Dieu que nous pensassions tous les iours, toutes les heures, & tous les momens: nous trouuerions en ceste meditation vn suffisant reconfort à nos aduersitez, vne seante moderation en nos prosperitez. Mais helas nous en reculons le plus loin que nous pouuons la pensee, &, qui pis est, beaucoup la décroient du tout:& voudroiēt volontiers n'estre plus apres la mort, de peur d'estre cōme ils meritent. Ils font ce qu'ils peuuent, pour faire mourir leur ame auec leur corps: & vont emprunter des raisons chez les philosophes

losophes anciens, pour combatre & renuerser l'vnique but, le seul loyer, & la derniere fin de la philosophie. Pour moy, i'estime ces gens-la assez punis par leur maligne opinion, qui leur rauist d'entre les mains l'vnique esperance, qui adoucit & assaisonne ceste fascheuse & amere vie : & dirois volõtiers, que lon les laissast estre malheureux, puis qu'ils le veulent estre. Mais il semble que vous m'ayez imposé la charge de leur reprocher leur erreur, & les condamner par leurs propres raisons. Car pour autre suiet ne me pouez-vous auoir prescrit de clorre ce discours par le recit des derniers propos de ce bon vieillard, que pour les conuaincre de leur aueuglement par la lumiere d'vn si bel esprit. Pour vous, ie sçay que vous ne desirez ny preuue ny esclaircissement de ce poinct, vous, dy-ie, qui non seulement le croyez, l'affermez, & publiez, mais en faites quasi la preface & la conclusion de tous vos propos, & de toutes vos actions. Tellement que le discours vous en seroit inutil & ennuieux, sinon que vous ayez accoustumé de vous en seruir, comme les Egyptiens de leur sceletos, & que vous ne vous puissiez leuer de table sans ouir parler de l'immortalité de l'ame, non plus qu'eux de la mort du corps: ou peut estre, comme la memoire de ce personnage vous est fort chere, vous desiriez de la refreschir par la recordation d'vne si belle fin. Ie raporteray donques au plus pres qu'il me sera possible ce qu'il nous discourut sur ce suiet, le iour auparauant que Dieu le retira d'icy, côme de dessous la ruine de cest estat. Ce bon vieillard auoit passé toute sa vie au Palais, ayāt lors atteint soixante & quinze ans. Il auoit veu beaucoup de mouuemés en ce Royaume, qui en auoient troublé le repos, mais il n'y en auoit encore point veu, qui menaçassent la ruine, & dissipation de l'estat. Le Roy l'ayāt mandé de sa maison de Celi pour vn affaire de grande consequéce, & qui regardoit les remuemens qui nous ont depuis tant trauaillez, ayant par le discours de cest affaire preueu les miseres qui nous deuoient accueillir, en conceut vne grande melancolie: de sorte que ceste fascherie donnant atteinte à sa santé ia debilitee par l'aage, il en tomba

n ij

malade. Durant ceste maladie il estoit visité des plus celebres hõmes de la ville: pource que ie luy estois voisin, & que ie l'aimois & l'honorois fort, i'y allois souuent. Le iour auant qu'il mourut s'estant trouué bon nombre de gens doctes pres de luy, & luy se trouuant plus quoy qu'il n'auoit accoustumé se meûrent plusieurs propos, mesmes de la condition des gens de bien, qui estoient appellez aux grandes charges, laquelle est quasi tousiours miserable, estant leur vertu salariee d'enuies & defaueurs pour les plus douces recompenses, & d'iniures & d'outrages pour les plus ordinaires. Quelqu'vn vint à dire qu'encore la religion, en laquelle nous estions nourris, nous donnoit beaucoup d'auantage pardessus les anciens: nous proposant le loyer de nos labeurs en l'autre vie, & nous faisant cognoistre que la meilleure partie de nous suruit noſtre corps, voire que noſtre corps meſmes ne pourrit que pour germer & se renouueler vn iour en vne plus heureuse vie, en laquelle la vertu doit receuoir la couronne qu'elle aura merité: où les autres qui n'ont esté esclairez que de la sombre lumiere de nature, n'ont peu penetrer par diſcours, ny estendre leurs esperances plus auant que la mort, ny par conſequent auoir autre conſolation que celle de ce monde, qui est certainement bien petite. Ce bon seigneur leuant la teſte de deſſus le cheuet, & s'appuiant sur le coude: Ie me suis, dit-il, entretenu vne partie de la nuict sur ce

suiect, & apres y auoir bien reſué
i'ay conclu que c'eſt la plus forte
& plus certaine conſolation, que
nous puiſſions prendre, que l'aſſeurance d'vne ſeconde & plus
heureuſe vie. Et bien que noſtre
foy nous la donne, & que l'eſprit
de Dieu nous l'ait ſpecialement
reuelee, ſi ne penſé-ie pas que les
philoſophes anciens l'ayent igno-
ree, & que ce qu'ils ont eu de vertu ait manqué de ceſte conſolation, ſinon qu'ils l'ayent voulu re-
ietter, quand la nature de ſa propre main la leur a preſentee, &
croy que ſi ie vous pouuois ramener tout ce qui m'en a paſſé ceſte
nuict par l'eſprit, que vous le con-
feſſeriez ainſi. Lors ſe diſpoſant
de contenance & de parole, comme il auoit accouſtumé quand il
vouloit cōtinuer vn propos, nous

nous disposames aussi auec vn grand silence à l'ouir, & il poursuiuit à plus pres en tels mots.

De toutes les choses du monde, en la cognoissance desquelles nous pouuons faillir, il n'y en a point dõt l'ignorãce soit plus pernicieuse & dommageable, que de l'estat de nostre ame apres ceste vie caduque & mortelle. Car de là deriue vne flotante anxieté & miserable inquietude, qui fait que les hommes ne trouuant rien en ce monde d'heureux, & n'attendant rien apres ce monde de certain, pensent estre enuoyez ça bas, comme à vn fatal tourment, où ils doiuent viure & mourir malheureux. Ils haïssent leur vie, & craignent leur mort: & de peur de tomber en ce qu'ils craignent, ils embrassent ce qu'ils mesprisent. Comme faisoit cest Vlysse dans Homere, qui se sauuant du naufrage, accolloit vn figuier sauuage, non pour ce qu'il l'aimast, mais de peur qu'en le laschant il ne cheust dans la Carybde, qu'il voyoit au dessous. Au contraire, ceux qui ont abreuué leur esprit de ceste vraye & certaine cognoissance, que l'ame n'est icy qu'en pelerinage, s'acheminant à vn autre plus heureux domicile, ne prennent pas le loisir de se plaindre des espines & des ronces, qui les esgratignēt en passant, ny à cueillir & bouqueter les fleurs qui s'y presentent: mais emportez d'vne viue ardeur de trouuer vn tel giste, ils brossent au trauers & negligent tout ce qu'ils rencontrent, sinon en tant qu'il leur est necessaire pour leur voyage. Or ne croiray-ie iamais, que ceste puissance ordinaire de Dieu, que lon appelle communémét Nature, qui en toutes autres choses a esté tant fauorable aux hômes, leur ait denié en quelque siecle que ce soit la cognoissance de ce qui estoit plus necessaire pour leur bien, & pour acquerir la perfectiô de leur estre: plustost estimeray-ie que ceux qui ont nié ceste immortalité, soient de ceux que la parole de Dieu prononcee par sainct Paul declare inexcusables, pour auoir eu les degrez des choses visibles suffisans à monter aux inuisibles, s'ils n'eussent mieux aimé s'en seruir pour descendre, que pour môter: gens ambitieux à leur misere, qui ont osté la force au discours, qui les peut rendre heureux, pour la donner à celuy qui les veut rendre malheureux. Ie ne voudrois, ce me semble, pour les conueincre que produire contre eux l'opinion commune de tous les peuples du monde, lesquels en quelque siecle qu'ils ayent vescu, quelque endroit de la terre qu'ils ayent habité, quelques mœurs, & quelques coustumes qu'ils ayent obserué, ont eu pour fondement de leurs actions, polices & societez ciuiles, ceste creance, que leur ame suruiuoit leur corps, & n'estoit point suiete à la mort. Autrement pourquoy eussent-ils deïfié, comme ils ont faict, les plus celebres d'entre eux, institué tant d'honnorables ceremonies en leur memoire? Les Indiens & les Druydes ont esté estimez entre les anciens payens les deux plus sages nations, & qui auoiēt plus profondement fouillé au sein de la nature, & puisé les plus haults secrets de la sapience: ils cognoissoient si certainement ceste immortalité, qu'ils couroiēt à perte d'haleine à ceste mort corporelle, qui en est l'entree, & se iettoient & precipitoient gayement à toutes les honorables occasions, qui les y pouuoient porter. Ceste opinion a eu diuers effects en diuers peuples, mais elle a esté en tous. Et si par exception ils s'en est trouué quelques vns, qui ayent creu le contraire, quād ils ont hanté & frequenté les autres ils sont reuenus à cest aduis. Ce qui fait bien cognoistre, que ceste creance est nee auec l'homme: partant naturelle, partant droite, & veritable: car la nature vniuerselle, & qui n'est point cor-

n vj

rompue par nostre vice particulier, ne nous suggere que de saines & pures opinions. Comme elle n'addresse nostre appetit, & celuy des autres animaux, qu'aux viandes qui sont propres à les nourrir: aussi n'encline elle nostre entendement, sinon à comprendre la verité, & y consentir comme à son vray obiet & aliment, & laquelle luy estant representée, s'applique à luy, comme l'image s'engraine au moule, sur lequel elle a esté premierement iettée. Mais pource que ces gens-là méprisent pour la plus part les iugemens populaires, & pensent que la verité n'habite point parmi le vulgaire : ains croyent que la nature l'a enfouye bien profondement en terre, où il la faut trouuer auec la verge diuine de la philosophie, & la tirer auec les sueurs d'vne profonde & laborieuse meditation : faisons retirer les peuples & les natiõs, & leur exhibons seulement ceux qui ont emporté la gloire par tous les siecles d'estre & les plus sages & les plus sçauans. Pythagoras, Solon, Socrates, Platon, Aristote, & tant & tant d'autres, que pour les nommer tous il faudroit autant de temps, comme il y en a qu'ils ont vescu, ne nous ont pas laissé seulement en la memoire des hommes le tesmoignage de ce qu'ils en ont creu, mais mesmes ils l'ont consigné en leurs escrits : voire qu'ils ont posé ceste maxime de l'immortalité de l'ame, comme le centre de la philosophie, auquel venoit aboutir toutes les autres reigles, & tout ce que iamais se

pouuoit introduire d'honneste &
de salutaire, pour la conseruation de la vie ciuile, & specialement pour ceste autre partie, apres laquelle ils ont tant trauaillé, qu'ils appellent la tranquillité de l'ame. S'il y auoit donques quelque doute en ce fait-là, si estce que le tesmoignage de tels personnages si concordans en cela, l'auroit esclairci, & deuroit ramener à ceste opinion ceux qui font tant de cas d'eux, lesquels se deuroient laisser vaincre par l'authorité de ces grans genies de nature, puis que mesmes en ce faisant ils rendent leur condition meilleure. Mais industrieux à leur propre mal, pour alleger l'authorité de ces grans hommes là, ils disent qu'ils ne font cas que des raisons, lesquelles ils veulent

separer des personnes, à fin de les peser toutes pures, & que la verité ne soit point en ceste question balancee ou enleuee par le poids du nom ou renõ de ses autheurs. Et pource veulent-ils assuiettir ce discours aux reigles de l'escole, & demandent, que lon leur demonstre ce qu'on leur veut faire croire. Ils voudroient volontiers, que lon les menast quasi par les sens à la cognoissance de ce qu'on leur propose, ou pour le moins par les maximes qu'on recueille des sens, on leur conclut ce qu'on leur veut persuader: trop iniustes en cela, & peu considerãs la nature de ce qu'ils traitent. Il faut du discours pour cognoistre les choses, dont les formes sont noyees en la matiere: il faut lors se seruir des sens, & par le moyen de ce que nous touchõs & voyons venir, comme par degrez, à l'intelligence de ce qui est plus esloigné: mais vouloir comprendre la nature de nostre ame de ceste façon, c'est ne la pas vouloir cognoistre. Car estant simple, comme elle est, il faut qu'elle entre toute nue en nostre entendement, ayant à remplir toute la place, tout ce qui l'accompagneroit l'empescheroit. Es choses mesmes sensibles, dont le sens est fort aigu, le sentiment s'en fait si soudain, qu'il nous fait perdre la cognoissance de la façon dont il se fait. Aussi des choses intelligibles, celles qui sont toutes pures occupent si promptement nostre entendement, que vous ne pouuez dire sinon qu'elles sont, mais vous ne pouuez dire comment:

car elles ne se font pas cognoistre par tesmoignages empruntez, elles se manifestent d'elles mesmes, & sont plus cogneües que tout ce qui les veut recommander. Et pource le vray moyen de cognoistre la nature de nostre ame, c'est de l'esleuer par dessus le corps, & la retirer toute à soy : à fin que reflechie en soy-mesmes, elle se cognoisse par soy-mesmes. Toutesfois s'il y en a de si opiniastres, qui ne la veulent voir que noyee dans la chair, & iuger sa grandeur par l'ombre de ses effets, comme ils font la Lune par l'ombre de la terre : si est-ce qu'au trauers de ceste sombre & pesante masse qui l'enuelope, elle iette des estincelles, voire des flammes si viues de son immortalité, qu'il faut que ceux qui la regardent, confessent ou qu'ils la voyent, ou qu'ils sont aueuglez. Ils voyent que ce rayon de diuinité enueloppé dans ce petit nuage de chair, iette sa lumiere d'vn bout à l'autre du monde : apres auoir mesuré ce qui est fini, passe iusques à l'infini, comprend les formes de toutes choses, & s'y transforme, reçoit les contraires, le feu & l'eau, le chaud & le froid, sans s'alterer ny corrompre. Comment donques peuuent ils presupposer quelque matiere en celle qui a de telles actions, veu que toute matiere est finie & bornee par certaines dimensions, ne reçoit rien plus ample que soy, n'est capable que d'vne seule forme substantielle, & ne peut contenir en mesme temps choses contraires? Si elle n'est point materielle, comme seroit elle mortelle : veu que la mort par leur dire mesme n'est autre chose que la separatiõ de la matiere d'auec la forme? & si, comme d'autres, ils la definissent le bout du mouuemẽt, où le trouueront-ils en l'ame ? Car nous voyons que la volonté, qui est sa principale partie estant libre, cõme ils la recognoissent eux mesmes, & ayãt par consequẽt en soy le principe de son mouuement, qui la luy peut oster ? Rien ne se donnant volontairemẽt fin à soymesmes, ce qui se meut à sa volonté se meuuera tousiours, & par consequent n'aura point de fin de duree, mais seulement fin d'intention, qui ne se borne que par l'infinité. Et quant à l'entendement, qui est l'autre principale partie, ou plustost vertu de l'ame, ne le voyõs nous pas sortant de soy-mesmes, embrasser toutes choses, & puis reuenir en soy-mesmes : & par ceste continuelle reflexion, comme par vn mouuement circulaire, tesmoigner qu'il n'a point de fin ? Ce qu'il tesmoigne encore aussi clairement par la nature des obiects, qu'il choisit pour son exercice ordinaire, & par maniere de dire, pour sa nourriture & son aliment. Car il ne se paist ne s'entretient sinō de la cognoissance des choses vniuerselles, des idees, & des especes, lesquelles les philosophes constituent immuables & immortelles. Les sens, qui sont instrumens corporels meslés parmi la matiere corruptible, s'arrestent bien aux choses particulieres, & considerent chafque obiect, selon les qualitez fluantes &

perissables : mais l'entendemēt contemplant ce qui est de la vraye nature & essence des choses, cōprend ce qui est general & egalement diffus en tous les particuliers & indiuidus, cōme vn estre stable, permanent & immuable. Or faut-il que toutes choses qui sont nees pour agir, soient proportionnees à leur obiect: en vain trauailleroit l'ouurier sur vne matiere plus forte que son outil : en vain dōneriez vous à digerer & à cōprendre à vne chose corruptible & mortelle, choses incorruptibles & immortelles. Et quoy ? ce desir insatiable d'apprendre, qui est naturel à nostre entendement, ne nous tesmoigne-il pas le semblable ? qui est-ce qui a iamais tāt veu, tant cogneu, tant appris, à qui la science n'ait rallumé & au-

gmenté le defir de fçauoir, au lieu
de l'efteindre & appaifer? Quand
i'aurois (difoit cet ancien fage) vn
pied dans la foffe, fi voudrois-ie
apprendre. Qu'eft-ce à dire? C'eft
que l'appetit de noftre eftomac,
fe peut bien affouuir, pource que
la nature l'a proportionné à vne
chofe finie, qui font les viandes
neceffaires pour noftre nourriture: mais celuy de noftre ame fe
monftre infatiable en ce monde,
pour ce qu'elle l'a proportionné à
la verité eternelle, de laquelle le
corps luy empefche la libre iouif-
fance en cefte vie, ne luy donnant
pour la recueillir que le vaiffeau
des Danaïdes, qui n'en peut pas
beaucoup receuoir à la fois, & encores eft percé au fonds de ce miferable pertuis d'oubliance, par
où f'efcoule la plus part de ce

qu'elle en reçoit. Tellement que toute la vie de l'homme, si vous considerez exactement les actiõs de ceux, qui se gouuernent par la droite raison, n'est autre chose qu'vn effort & contention de l'ame, laquelle tasche tant qu'elle peut à reparer ceste fluante mortalité du corps, par la participation des choses eternelles, à la iouissance desquelles elle le rameine le plus qu'elle peut. Elle voudroit volontiers luy eterniser la vie : n'en pouuant venir à bout par la nature, elle y employe l'art & l'industrie, & luy procure par la gloire & par le renom vne continuation de vie en la memoi- des hommes. Et pour cest effect nous la voyons ordinairemẽt iettee & aduancee sur l'aduenir, preuenant de pensee le temps qui sera apres la mort du corps, comme nous faisons icy le lendemain du iour où nous viuons : & se pouruoyant de louange & de gloire, comme de munitions conuenables pour vne vie heureuse & glorieuse, à laquelle elle aspire. Il est trop aisé à iuger, que si nostre ame ne presentoit asseurément son estre aduenir, elle ne s'empescheroit point de desseins qui tendissent plus loin que ceste vie corporelle : & pour y paruenir ne voudroit point en tout cas hazarder si librement ceste vie temporelle, apres laquelle elle n'attendroit plus rien. Quiconques ayẽt esté ceux qui ont si courageusement prodigué leur vie en telles occasions, (or y en a il eu infinis en tous les siecles) & qui se sont par maniere de dire eux mesmes

immolez

immolez sur l'autel de la gloire. Ils ont en mesprisant la mort receu vn signalé tesmoignage à l'immortalité de leur ame. Et ne se sçauroit on imaginer, qu'ils ayent ainsi librement accourci leur vie pour croistre leur honneur, qu'ils n'ayent esté asseurez en eux-mesmes d'en iouir apres la vie : ny qu'ils ayent si franchement quitté les douceurs de ce monde, qu'ils n'ayent eu quelque bon gage de la recompense qu'ils en attendoient en l'autre. Quand l'ame se vient à eleuer sur les aisles d'vn genereux desir, & qu'elle passe de ceste region obscure, nubileuse, qui enuironne la terre, à celle plus haute, plus pure & plus seraine, qui approche du ciel, elle recognoist en soy-mesmes beaucoup de belles remarques de son

o

estre, & des traits du grand ouurier qui l'a creée à son image, &
y a imprimé la figure de la diuinité. Ce que ie ne dy point seulement pour l'auoir appris de l'oracle de verité, mais le dy apres
ceux qui ne l'ont appris que du liure de la nature mesme. Car Platon, & beaucoup d'autres deuant
luy, & plusieurs autres apres, dis-
courant de la creation du monde
& de ses parties, ont bien dit que
les autres animaux auoient esté
creez par les moindres dieux: qui
veut, à mon aduis, dire les anges,
comme par des causes secondes,
lesquelles pour estre desia aucunement esloignees du premier
estre, ne leur ont peu communiquer parfaictement. D'autant
que ceste communication n'est
qu'vn prest de leur vertu, separé &

des-vni de la premiere masse, & par conſequent aucunement imparfaicte. Mais quant à l'ame de l'homme, ils confeſſent que Dieu ſeul l'a creée, & partāt dependant ſans moyen de l'eſtre parfaict, elle participe à ſa perfection, & eſt exempte de corruption en ſa ſubſtance, & par conſequēt de mort. Et cela certainemēt eſtoit il bien raiſonnable & conuenable à ce grand architecte, qu'ayant baſti ce bel ouurage du monde, digne de porter le nom meſme de la beauté, puis qu'il ſe retiroit hors de la veüe de ſes œuures, il y laiſſaſt ſon image, comme vne ſtatue animee, qui cōſeruaſt, & exigeaſt de ceux qui la verroient, l'honneur & la reuerence deu à ce ſouuerain architecte & ſeigneur de l'vniuers. Or faut il qu'vne image

o ij

faicte par vn bon maistre, rapporte, quelque chose à toutes les parties du suiet qu'elle imite: en quoy pourroit elle imiter l'eternité de Dieu, que par l'immortalité de sõ ame? puis qu'elle ne peut estre de mesme, c'est à dire, n'auoir point eu de commencement, en quoy luy peut elle resembler, que de n'auoir point de bout, qui est à dire, estre immortelle? Puis que Dieu auoit composé l'vniuers de deux differentes parties, l'vne intelligible & l'autre sensible, l'vne corruptible & l'autre incorruptible, il falloit pour les lier & assembler vn entredeux, qui participast de la nature de l'vn & de l'autre. L'homme par vn excellent artifice a esté fait la piece du milieu, & pource concurrent en luy les perfectiõs de toutes les deux parties, l'vne intelligible, & l'autre senfible. Il a par le moyen du corps les plus excellentes qualitez, qui foient és chofes fenfibles & corruptibles : & par le moyen de l'ame les plus excellétes conditions qui foient aux intelligibles & incorruptibles. Et bien que par ce meſlange ce qui eſt de celeſte en luy, ſoit deprimé & comme peſtry auec la terre, & abbaiſſé voire affaiſſé par le contrepois de la chair, ſi ne laiſſe il pas de monſtrer par vn continuel effort ſa nature, le lieu de ſon origine, ſon inclination, & la fin de ſon deſir, qui tend certainement touſiours à la diuinité, & à poſſeder dés ceſte vie preſente les beatitudes que nous remarquons en Dieu. Certainement il ne deſireroit iamais ceſte diuinité, & n'y aſpireroit pas, s'il

o iij

ne la comprenoit, & ne la comprendroit iamais, si ce dont il la comprend estoit mortel, & perissable. Car quelle proportion y auroit-il de la mortalité à l'immortalité? Or voyons vn peu ce que l'entendement de l'homme en compréd, ce que sa volonté en desire, & il faudra, quel qu'il soit, qu'il confesse qu'ils sont immortels. Contemplons, dy-ie, vn peu d'icy bas parmi ces espesses tenebres du monde, auec nos yeux de chats-huants, la lumiere de la diuinité: considerons les perfectiōs dont elle est reuestue, & par lesquelles comme par les vestemens nous la recognoissons & remarquons, ne verrōs nous pas incontinent que ce sont toutes choses, apres lesquelles l'homme court naturellement, & trauaille incessamment à les acquerir, n'a plaisir qu'à les posseder & iouir? Dieu est la souueraine bonté. Que desire l'homme, à quoy trauaille il qu'au bien? si mesme ses affections sont peruerties, & qu'elles s'adonnent au mal, elles luy donnent le nom de bien, & protestent qu'elles ne le recherchent sinon entant qu'elles le pensent estre bien. Ostez à quelque chose que ce soit le nom de bien, il n'en tiédra plus conte: tant de soy-mesmes il recognoist estre né pour le bien. De sorte que tout ce qui le veut attirer, en doit auoir ou l'essence, ou l'apparence. Dieu est la souueraine sagesse. Qui est l'homme, qui ne vueille estre tenu pour sage, qui ne fuye la reputation d'estre fol? qui ne se gouuerne auec le plus de prudence qu'il peut? qui ne

m iiij

cherche de l'ordre & de la difpo-
fition en toutes chofes ? qui ne fe
refiouiffe en foy-mefmes, quand
il le peut trouuer? qui ne loue, n'e-
ftime & n'admire ceux qui abon-
dent de cefte fageffe, comme approchans plus pres de l'excellente fin, à laquelle l'homme eft né?
Dieu eft la fouueraine puiffance.
Que fouhaite l'homme d'auantage que l'authorité & le commandement? Chacun afpire naturellement à commander : & ceux qui
le fçauët bien faire, font honorez
entre les hommes, comme vn
efpece de demy-dieux, enuoyez
çà bas pour la conferuation & di-
rection du môde inferieur. Dieu
eft la fouueraine verité. A quoy
eft bandé l'entendement de l'hôme qu'au vray? à quoy fe plaift-il, à
quoy acquiefce-il, finon à la co-

gnoiſſance de ce qui eſt vrayement? Le faux meſmes n'y eſt receu que ſous le nom de vray, & n'y a perſonne ſi mal-né au monde, qui ne ſe faſche d'errer, d'ignorer, d'eſtre trompé : & au cõtraire qui ne ſente du plaiſir & du contentement à ſçauoir & apprendre. Et certainement on peut dire, que la verité eſt la forme de noſtre entendement : car il n'entend & ne cognoiſt que tant qu'elle eſt en luy. Dieu eſt tout, & tout eſt en Dieu : l'homme deſire eſtre par tout, ſ'il n'y peut porter ſon corps, il y porte ſon eſprit. Entant qu'il peut il met tout en ſoy, & ſe remplit des formes & des idees de toutes choſes. Dieu eſt autheur de tout, & ſe plaiſt à faire tout : l'homme n'a point de plus grand plaiſir en ce monde, qu'à produire beaucoup de choses, & n'y a rien qui le resiouïsse tant que ce qui sort de luy, soient enfans, soient ouurages, soient inuentions. Dieu est tousiours, & l'homme ne craint rien tant que de finir, & ne souhaite rien tant que de perpetuer son estre : il cherche à le faire par la conseruation de sa vie, n'en pouuant venir à bout par là, il l'essaye par la continuation de sa posterité: & iugeāt encore ce moyen-la trop debile, il le tente par l'acquisition d'vne grande & glorieuse renommee. Dieu administre tout iustement: l'homme aime, reuere & recherche la iustice, comme le seur & seul lien de la vie & societé ciuile. C'est vn grand cas, comme l'amour en est naturel à l'homme, ceux mesmes qui corrompus ne la veulent pas pour foy, l'honnorent en autruy. Dieu en son gouuernement perseuere tousiours en vn mesme dessein: & l'homme en ce qu'il entreprend en veut venir à bout, il ne se laisse vaincre ny par difficulté, ny par trauail. C'est chose estrange de ce qu'endurent les hommes pour conduire à fin leurs entreprises. Dieu vit vne vie abondante, opulente, & plaisante : l'opulence & le plaisir sont les souhaits ordinaires des hommes. Dieu se contemple soy-mesmes, & s'admire : l'homme se considere soy-mesmes, s'esmerueille de son excellence, se prise plus que toutes les autres creatures, & met toute son estude à se parer & honorer, & faire paroistre ce qui est d'excellent en luy. Bref vous ne sçauriez rien imaginer en ce grand & souuerain createur, dont vous ne recognoissiez l'homme estrangement desireux, & ne voyez que ses mouuemens bandez à l'acquerir, & à s'vnir & conformer autant qu'il peut à ceste aisnee & incomprehensible diuinité. Ce qui a faict escrier auec estonnement l'ancien Zoroastre,

O homme, que tu és vn tres-hardy ouurage!

Comme ne pouuant comprendre qu'en ce bas & mortel monde, parmy la fange & l'ordure il se peut trouuer vne si puissante nature, qui s'eleuast iusques pardessus les cieux, & par la cognoissance de tant de choses, & imitation des actions diuines, quasi se deïfiast soy-mesmes en ceste vie. Mais il deuoit auoir appris d'vn plus ancien que luy, que ce qui se rend si esmerueillable en l'homme n'est rien qui tienne de la terre, ny de ceste basse & corruptible demeure: c'est vne diuinité comme bannie & exilee pour vn temps du ciel son vray domicile, qui vague & erre çà bas dans nostre corps, fait continuellement son effort pour paruenir à sō vray seiour, & se relancer à ceste heureuse & celeste habitation, de laquelle selon qu'elle s'approche plus pres, plus diuine se monstre elle. Pourquoy penseriez-vous, ie vous prie, qu'és derniers iours de nostre vie en ceste agonie & lutte, que l'ame fait auec le corps, nostre esprit aye plus de force & de vigueur, ordōne plus prudemment & plus saintement de toutes choses, preuoye plus certainement l'aduenir, le predife & prophetife, sinon pource qu'il commence à se rapprocher de son origine, à se reioindre à cest estre immortel, & participer à la verité eternelle. N'obseruez-vous pas que les pierres qui tombent d'enhaut, plus elles s'approchent de la terre, & plus elles descendent viste: le feu au contraire qui mõte vers le ciel, plus il est eleué, & plus il haste son vol: pource que naturellement chaque chose plus elle se sent pres de son repos, & de ce qu'elle desire, & plus s'y meut elle & pousse elle vigoureusement. Ainsi nostre ame estant sur le poinct comme de rentrer en sa sphere & se reioindre à la diuinité, se monstre plus diuine, rauiue ses forces, & redouble sa vertu. Or ce qui a tant de diuinité, & tend perpetuellement à la source de la diuinité, qui doutera qu'il ne soit immortel? Dõc l'immortalité de l'ame reluit en toutes ses actions. Mais quand autre chose ne la tesmoigneroit, la Prouidence diuine la monstreroit euidemment. Car puis qu'il y a Prouidence, dequoy ie croy que ceux qui ont des yeux, quãd bien ils n'auroient point d'entendement, ne peuuent douter, il faut qu'il y ait vne iustice au monde: s'il y a iustice, il faut que les bons soient recompensez, & les mechans punis. Ils ne le sont pas tousiours en ceste vie, où nous voyons souuent les gens de bien viure en pauureté, & mourir en peine: & au contraire les mechãs viure en delices, & mourir en repos. Il faut donques que les ames viuent apres le corps pour receuoir le loyer ou la punition de leurs bonnes ou mauuaises actiõs. Les mechans veulent estoufer par discours le resentiment que l'homme a de l'immortalité de son ame, mais ils ne peuuent par effect. C'est vn rayon de lumiere, que la nature a allumé en nostre cœur, qui sert de fanal à la vertu, pour la guider parmy ces tenebres mortelles: & de flambeau furial à la mechanceté, pour anticiper ses meritez tourmens. Nous autres Chrestiens sommes à la verité en cela principalement bien plus heureux que les payens, que Dieu ne s'est pas contenté de ce que nous pouuions apprendre de l'immortalité de nos ames par le liure commun de la nature, & à l'aide de nostre foible raisõ: mais nous en a voulu luy-mesmes confirmer le tesmoignage par sa propre parole, & enflammer en vne claire & pleine lumiere les premieres estincelles de ceste esperance naturelle. O bonté diuine, vous auez presenté aux autres la verité comme voilee & enuelopee, mais pour nous vous l'auez fait descendre du ciel toute nuë, & decouler en nos esprits par les canaux de vostre saincte parole. Heureuse & admirable parole, qui nous suggere en vn moment tout ce que les veilles de tant d'annees ont peu acquerir de plus beau aux esprits des plus sçauans philosophes. Parfaite science, qui ne laisse plus lieu de douter apres ses preceptes : excellente discipline, dont les reigles sont tous principes, qui se persuadent soy-mesme. D'elle nous apprenons que nos ames sont creées & parties de vos mains, & decoulees en nos corps pour les conduire & gouuerner. Que nous sommes colloquez icy comme en vn magnifique temple, pour y contempler vostre toute-puissance, reuerer vostre infinie bonté, entendre vostre saincte volonté, & y obeir. Que ceste vie n'est que l'apprentissage de nos ames, lesquelles apres le temps & les labeurs qui leur sont ordonnez, doiuent estre leuees de garde, mises en liberté, & rendues au repos eternel, où elles trouueront dequoy assouuir ce desir de diuinité, dont elles ont élancé icy les premieres pointes au trauers de ceste pesante & empeschante chair. D'elle apprenós nous dauantage, que non seulement nos ames apres ceste vie en trouuent vne autre plus heureuse, mais nos corps mesmes pourrissans icy comme le grain dans la terre, germeront en nouueau fruict, & se renouuelleront en estat de gloire & de perfection. Pour cela la Diuinité descendant du ciel, s'est de rechef meslee parmy la chair, pour remouler & repaistrir nostre humanité, difformee & desiguree par le peché: s'est reiointe auec nous, pour nous pouuoir retirer auec elle: s'est humiliee, à fin de nous exalter: a viuifié son humanité apres la mort, pour viuifier en nous l'esperance de ceste glorieuse resurrection, dõt elle a voulu estre les primices, & par laquelle nous serons introduits en l'heritage de gloire, receuans & en l'ame & au

corps la splendeur incomprehensible de la lumiere eternelle.
Mais le passage pour arriuer là
c'est la mort. Mort desirable, puis
qu'elle nous fait changer de vie
auec tant de profit. Mort, non
mort, puis que c'est le commencemét de la vraye vie, & que nous
nesommes dans ce corps que cōme le poussin dans la coque qu'il
faut casser pour esclorre, ou comme l'enfant dans la matrice, qu'il
faut quitter pour venir au iour.
Laissons la craindre à ceux qui
pensent que tout perit auec le
corps, ou à ceux qui attendent a-
pres elle la peine de leurs meschā-
cetez. Et puis que nous auōs tant
de tesmoignages & si certains gages de nostre vie future, & sommes asseurez que mourans icy en
la crainte de Dieu, en la foy de

son Fils bien-aimé, & confiance de sa bonté, nous deuons reuiure là haut, & entrer en gloire auec luy au thrône de sa diuinité, passons allegrement, & deposons librement le fardeau qui nous empesche & arreste, comme nous ferions des habits profanes à l'entree d'vn sainct temple. Quant à moy, mes amis, ie me sens tantost arriué à ce port auec vne grande consolation de mes afflictions passees, & presentiment de la felicité que j'attens. I'ay flotté au monde en de grandes & dangereuses tourmentes, elles ont agité mon ame, mais elles ne l'ont peu, grace à Dieu, renuerser. Ie sçay bien que la condition de l'infirmité humaine, m'a comme elle fait tous les autres, fort esloigné de la perfectiõ que Dieu desire en nous : mais pour le moins ne m'a elle iamais fait perdre la ferme & constante volonté, d'auancer son honneur & sa gloire, ny rien rabatre de l'affection qu'vn bõ citoyen doit à son pais. Ma conscience me rẽd ce tesmoignage, & ce tesmoignage me rend la mort douce & agreable. Ie voudrois bien à mon dernier souspir faire encor quelque seruice au public, mais n'en ayant autre moyen, ie me retourneray vers vous, qui estes de mes meilleurs amis & des siés, & pour le dernier office que ie puis rendre à vne si sainte amitié, ie vous coniureray, que puis que vous demeurez icy pour clorre la fin d'vn miserable siecle, vous affermissiez vos esprits par belles & constantes resolutions, à fin de soustenir courageusement les efforts de la tempeste qui menace cest estat, & vos fortunes particulieres. Car tous les aages passez ont peu veu de miseres & calamitez, que vous ne deuiez voir en vos iours. Le dedans le dehors de ce Royaume, les grands & les petits, sont tous comme furieusement poussez à sa ruine & desolation. Vous serez tout estonnez vn de ces iours quád vous verrez les loix renuersees, le gouuernement changé, tout mis en confusion, ceux qui gouuerneront auec dessein de se perdre eux & leur pais, & qu'il ne sera pas permis aux gés de bien d'ouurir la bouche & donner vn bon & salutaire conseil. Souuenez-vous lors que vous estes hommes, & que vous estes François. Que vostre courage ne s'enfuye pas auec vostre bõ heur.

Fichez-vous au droit & à la raison, & si la vague a à vous emporter, qu'elle vous accable le timon encore en la main. Voicy le temps qu'il faut presenter l'estomac à la fortune pour la defense de l'estat, & couurir de son corps celuy de sa patrie. Sans doute ceste ruine ne se peut euiter sans vn grand & genereux courage de ceux qui s'y opposeront, ce que tous les gens d'honneur à mon aduis doiuent faire. Vous sçaurez bien toutefois temperer par prudéce, ce qu'vne obstinee austerité ne feroit qu'aigrir & empirer, & suiure le destin sans abandonner la vertu. Vous courrez en bien faisant de grands hazards & souffrirez beaucoup d'iniures, mais que vous peut-il arriuer de si estrange ou horrible, que l'esperáce du souuerain bien auquel

auquel ie vous vay deuancer, n'adoucisse ? Voila quasi les mesmes propos que nous tint ce grand & sage personnage. Ie vous les ay recitez à regret, sçachant bien que l'imbecillité de ma memoire & rudesse de ma langue, feroient beaucoup perdre du poids de ses raisons, & de la grace de son discours. Que si vous l'eussiez ouy luy mesme auec sa douce & aggreable façon, il eust enflammé en vostre ame vn si vif & ardét desir de la beatitude eternelle, qu'il n'y a affliction au monde, dont il ne vous eust esteint le sentiment.

Là Linus finit son propos, & moy tout resioui & consolé, Il faut bien, luy dy-ie, que ce discours fust beau, veu que vous qui en tous autres me rendez fort satisfaict, m'auez semblé au recit de

P

cestuy-cy vous surmonter vous
mesmes. Ie croy que l'air & la
souuenance de ce grand person-
nage-la, qui vous est encore fres-
che & presente pour l'honneur
& l'amitié que vous luy auez portee, animoit vostre langue, & in-
spiroit en vous quelque chose de
plus qu'humain. Pleust à Dieu
que ce propos peut cõtinuer aussi
long temps que nos miseres, ie
m'asseure que tant que i'aurois les
aureilles pleines de tels discours,
i'aurois l'esprit vuide d'ennuis. Ie
vous iure que depuis le tẽps que
ceste calamité nous a accueilly, ie
n'ay rien rencontré qui m'ait rendu ceste vie plus supportable, que
ce que i'ay entendu de vous trois,
ces trois derniers iours icy, mais
principalemẽt ce iourd'huy. L'on
dit que Ptolomee fut cõtraint de

defendre à Egefias Cyrenien, de plus difcourir en public de l'immortalité de l'ame : parce que la plufpart de ceux qui l'oyoient, f'auançoient la mort de leur main. Cela me fait croire qu'il eſtoit mal inſtruiƈt du ſuiet qu'il traittoit. Car i'eſtime qu'il n'y a rien au monde, qui nous donne plus de courage à endurer patiemmẽt nos miſeres, que les raiſons que i'ay maintenant appris de vous: qui en peu de mots nous auez repreſenté, quelle eſt la cauſe & la fin de nos afflictions, & quelle recompenſe trouue noſtre patience, quand nous y pouuons perſeuerer iuſques au bout. C'eſt pourquoy ie deſirerois pour la conſolation de mõ pauure païs affligé, qu'au contraire de ce que lon feit à Egeſias, lon vous contraigniſt tous trois de continuer tous les iours en public vn semblable discours. Mais pour ce que c'est chose que ic ne puis esperer, i'ay bien deliberé de conseruer soigneusemét en ma memoire tout ce que i'en ay appris de vous : & à mon premier loisir (si tant est que nos infortunees estudes en puissent obtenir quelqu'vn) le consigner en la foy des lettres, pour le laisser à la posterité. A fin d'instruire en semblables aduentures, ceux qui viendront apres nous, & par mesme moyen leur rédre tesmoignage qu'en vn siecle trescorrompu, & entre des hōmes estrangemét denaturez, nous auōs vescu auec vne grande cōpassion de la misere publique, & encore plus grand desir de la pouuoir soulager.

FIN.

Extraict du priuilege du Roy.

IL est permis à Mamert Patisson Imprimeur du Roy, & à Abel l'Angelier Libraire iuré en l'Vniuersité de Paris, d'imprimer ou faire imprimer & exposer en vente vn liure intitulé, De la Constance & consolation és calamitez publiques. Et sont faites defenses à tous autres Libraires & Imprimeurs, d'imprimer ou faire imprimer ledit liure, sans le consentement desdits Patisson & l'Angelier : & ce iusques au terme de six ans entiers & consecutifs : A peine de confiscation & d'amende, comme plus amplement est porté és lettres sur ce donnees, à Paris, le 16. Iuillet 1594.

Signees, Par le Conseil, BVFFET.

accidents, qui ont deffait er Roy m... fo. 55.
faux arguments des Ligué[z] touchant
la Religion fo. 134.

www.ingramcontent.com/pod-product-compliance
Lightning Source LLC
Chambersburg PA
CBHW060451170426
43199CB00011B/1162